南粤先贤图谱

吴伯衡 文
卢延光 蒙复旦 江郁之 绘

岭南美术出版社
中国·广州

图书在版编目（CIP）数据

南粤先贤图谱 / 吴伯衡文 ；卢延光，江郁之，蒙复旦绘. —广州：岭南美术出版社，2018.2
ISBN 978-7-5362-6350-5

Ⅰ.①南… Ⅱ.①吴… ②卢… ③江… ④蒙… Ⅲ.①历史人物—列传—广东—图集 Ⅳ.①K820.865-64

中国版本图书馆CIP数据核字(2017)第267422号

责任编辑：李 颖 杨 靖 傅淑雯
责任技编：谢 芸
装帧设计：李 颖 杨 靖

南粤先贤图谱
NANYUE XIANXIAN TUPU

出版、总发行：岭南美术出版社（网址：www.lnysw.net）
（广州市文德北路170号3楼 邮编：510045）
经　　销：全国新华书店
印　　刷：广州市恒远彩印有限公司
版　　次：2018年2月第1版
2018年2月第1次印刷
开　　本：889mm×1194mm　1/16
印　　张：12.25
印　　数：1—2000册
ISBN 978-7-5362-6350-5

定　　价：108.00元

《南粤先贤图谱》重版说明

1988年，《广东一百名人图谱》在香港出版，30年后，图集再版，更名为《南粤先贤图谱》。

与其说《南粤先贤图谱》是一本插画集，不如说这是一部千年岭南名人志。从南越国开创者赵佗到民主革命先行者孙中山，时间跨度到辛亥革命前，按年代更迭，涵盖军事、文化、经济、艺术、科技等各行各业。该书以精炼的文字配以独特的线描艺术，展现南粤先贤的风貌、气度和神韵。

时隔30年，为何在今天重版《南粤先贤图谱》呢？十九大报告提出『坚定文化自信，推动社会主义文化繁荣兴盛』，文化自信源自于中国五千年文明史积累形成的中华优秀传统文化，传承、弘扬传统岭南历史文化，首要的就是建立对本土文化的认同感。本书收录的南粤先贤，都是在历史上为中华民族发展做出过很大贡献，产生过巨大影响的历史名人，他们沉淀的智慧、优秀的品德和坚韧的精神……对今天的读者有着重要的意义。

而在艺术上，风格独树一帜的线描艺术，历久弥新，虽然过去了那么多年，依然具有不可复制的艺术价值，是一份值得收藏的精美艺术品。而这些艺术品，也使那些躺在史书中冷冰冰的记载，展现新的生命光彩，在重现历史场景的画面中，调动读者的情感，让我们进入想象时空。

此次重版，在内容上对原有的一百位名人中虚构的神话人物进行删减，如五羊仙人等；对一些人物事迹进行了增补、修订，力求还原历史人物的真实性；对人物的历史贡献进行补充、完善，使人物形象更饱满。本书保留了原书的序和后记，以使读者对作者的创作初衷和创作思路有更充分的了解。另外，历史的解释是与时俱进的，新时代有新变化和新问题，当中一些内容的表述已不符合现今出版规范，在此基础上亦进行了细微调整，使该书更加严谨、细致。也期望新一代的读者，从新的视角来汲取传统文化的养分。

《广东一百名人图谱》序

岑桑

工程浩大的针笔画册《百帝图》的出版，标志着画家卢延光的艺术生涯进入了新的阶段。他发现并拥有了一个属于他自己的，并且宜于他纵横驰骋的艺术新领域。在这个天地里的奇妙感受和豁然顿悟，以及风格独特的《百帝图》面世后赢来的赞誉，使他灵感奔突、意气风发，于是我们又得以欣赏到他和他的两位年轻合作者蒙复旦、江郁之共同完成的伟构《广东一百名人图谱》。

两千多年来，我们的祖先在五岭之南的大片沃土上，不知立下过几许丰功伟绩！他们如同群星闪耀，彪炳千秋。为这些英豪俊杰树碑立传，当然是后人义不容辞的事情，有人以文字为之，有人以铜铁花岗岩为之……卢延光等和吴伯衡则以图文配对为之。图文对照，相得益彰。文字为读者提供了人物的史实；图画则形象地表现了人们的风貌、气度和神韵。读过那一页页简约精炼的文字，再从那一幅幅经过精心琢磨的造像中仔细欣赏、揣摩、联想，不能不说是一种享受。在这里，知识与美感融于一体了。这是人物志，更是艺术品；或者毋宁说是具有明显的审美价值的人物传记吧！

像《百帝图》一样，这部《广东一百名人图谱》在它出版之前，我已是它的鉴赏者了。这两者的风格是一致的，如果说它们之间有些什么差异的话，那么，我以为后者的气度更觉宽容，笔触更显精致；而且更具历史感和空间感。绘制《百帝图》，资料的局限使作者在背景的构思上不能不受到很大限制，因而也不能不作较多的抽象表现。《广东一百名人图谱》则不同，除了部分神话传说中的人物外，大都可以找到资料和依据，这就使得作者们大有施展的余地。那一幅幅气魄宏大的背景构思和绘画是何等美妙啊！有时我觉得这些背景不是纯然作为人物的陪衬而存在的，它们所闪耀的光芒完全不下于那一个个人物全体本身。读者完全可以透过那些配合得恰到好处的背景，去感知它们各自衬托的一个个历史人物的业绩和品格，以及他们所处时代的风雨雷电的吼声。

因此我认为，《广东一百名人图谱》较之《百帝图》，无论在思想上还是在艺术上都已更上一层楼。我为延光和他的合作者在这一艺术领域中的新建树和新开拓感到欣喜。预料他们的辛勤劳动将会越来越受到广大读者的赞赏。

目录

赵佗

（？—前一三七年）

公元前二〇八年，一队铁骑飞驰于龙川至番禺（今广州）的驿道上，进城后，这队人马直奔南海郡尉任嚣府内。原来，那是龙川县令赵佗奉命来见重病缠身的任嚣。

任嚣说：『陈胜起义后各地响应，秦朝气数已尽；番禺地势险要，地广数千里，可以考虑立国啊！』任嚣把遗书交给赵佗，让他代理郡尉。说完便逝世了。赵佗接遗书后，命令立即封关，断绝南北交通，开始自立南越国的准备工作。

赵佗，赵国真定（今河北正定）人。前二二〇年辅助秦朝大将屠睢率楼船攻越，越人夜袭杀了屠睢，赵佗奉命戍边。前二一四年，赵佗随秦大将任嚣平定南越，被任命为龙川县令。

前二〇六年，刘邦建立汉朝。这一年，赵佗也攻取桂林、象郡，自立为南越武王，定都番禺，建立了拥有三郡的南越国。他平息了各部族间的争斗，加速中原人与越人的融合，不断发展经济；因此，使汉高祖刘邦也大为赞赏。刘邦剪灭各地反王后，顶住了朝中主战派的压力，决定派谋士陆贾于前一九六年到南越招抚赵佗。陆贾说服了赵佗，使他接受了『南越王』的金印绿绶。

汉高祖驾崩后，皇后吕雉专权。她禁止铁农具和雌牲口输越，扣留南越使者，逼得赵佗于前一八三年自立为南越武帝，与吕后抗衡，并发兵攻打长沙王封地，烧杀敷县直至南郡。

前一七九年吕后死去，汉文帝刘恒即位。他派陆贾再次出使南越，使赵佗再度归汉。此后，赵佗扩充番禺，筑成后人所说的赵佗城；并发展生产和海外交通，使南越经济日益繁荣，对广东的早期开发和中国的统一大业做出了贡献。

前一三七年，赵佗去世，在位六十九年，据传享寿百岁有余。

杨孚

（东汉）

据传说，东汉杨孚在广州住在珠江南岸，而广州人惯称那一带为『河南』，则是由杨孚而来。原来，杨孚从东汉首都洛阳返广州时，曾带回一些王鬣松苗种在家门前，这些松树长得亭亭如盖；到隆冬时节，广州竟纷纷扬扬下起瑞雪，而杨府的松树上霜雪尤其多，恰如银装素裹，时人为之轰动，把杨府一带称为第二个『河南』（省）。后人并有诗赞曰：

『能将北雪为南雪，为有苍苍白洛来。』

从此，『河南』的地名就在广州叫开了。

杨孚，字孝之，广东南海人。博学多才，因此，在东汉章帝时期（七六—八八年），被朝廷选拔为『议郎』，赴洛阳当官。他敢于向皇帝劝谏，曾以『帝王创业须从武，太平盛世须修文，才能以德服人、化及四夷』的道理，劝汉章帝偃武修文。

有一年天旱不雨，有些地方发生旱灾，皇帝让群臣议论是否行政上有何不妥之处。杨孚启奏说，西汉末年的王莽不孝，不服母丧，大家都讨厌他，所以他不久就垮台了。杨孚建议，东汉应按照汉朝古制，选拔品行端正、孝悌持重的人当官，以政治上廉洁公正来考察官员。皇帝采纳了杨孚的意见，诏令禁止官员胡作非为、欺凌百姓。杨孚以后曾任临海（今属浙江）太守。

杨孚又是广东第一位著作家，所著《南裔异物志》记述交趾郡（岭南）的珍异物产，其中文字为后人广为引用。另著有《临海水土记》等。此外，《后汉书·五行志》（南北朝·宋·范晔、司马彪著）曾注引杨孚著的《董卓传》，按，董卓死于一九二年，杨孚能为董卓写传，可见他去世当在一九二年以后，则杨孚享寿当在一百三十岁以上（还有人说，杨孚活到三国的东吴时代，按，东吴于一九五年后由孙策草创，二〇〇年才由孙权巩固。若依此说，杨孚的年寿就更高了），可称得上是历史上罕见的寿星公。

葛洪

（约二八一—三四一年）

相传东晋咸和年间（约三二七年），罗浮山深山里来了一位器宇不凡的长者，他在山中炼丹采药，连猛虎见了他也恭顺地匍伏在路边……他就是葛洪。至今罗浮山南麓麻姑峰下的冲虚古观左侧，仍遗有高盈丈、底为炉灶，以及灶上有直径三尺余大鼎的炼丹炉。宋朝大诗人苏轼游历罗浮时还在炼丹炉上亲题『稚川丹』三个大字。

葛洪，字稚川，自号抱朴子，丹阳句容（今江苏省内）人。他是三国时代吴国道士葛玄的从孙，号称葛神翁，又称太极仙翁，从小喜好神仙道养法，曾跟随葛玄的弟子郑隐学习炼丹术。三〇七年，琅琊王司马睿任安东将军镇守江南时，任命葛洪为椽，以后升任咨议、参军等职。三一七年，司马睿称帝后，葛洪以功赐爵关内侯。后来，他听说交趾出丹砂，便要求出任勾漏令，带着子侄到广州，公元三二七年，更弃官挂印到罗浮山去炼丹参道了。至八十高龄时，在罗浮山朱明洞的朝斗坛打坐仙逝。

葛洪在炼丹时，发现了不少化学反应的规律，例如铅和氧的化合反应、铜盐和铁的置换反应等，是我国古代化学领域的开山始祖之一。他对于医学也颇有研究，曾著《金匮药方》一百卷，后节为《肘后备急方》三卷，葛洪对于天花和恙虫病的记载是全世界最早的。

葛洪著有《抱朴子内篇》，说的是『神仙方药，鬼怪变化，养生延年，禳邪却祸』之事；《抱朴子外篇》说的是『人间得失，世事臧否』，对于道教理论多有阐述。而其中透露的思想，则以神仙养生为内，儒术应世为外。此外，他还著有《神仙传》等著作，托名汉朝刘歆而撰写了《西京杂记》，其中所写西汉人物生动传神，堪称我国古代优秀的小说集。

葛洪不单是我国古代的道教理论家、炼丹术家，更是我国古代的化学家、医学家。

鲍姑

（东晋）

在广州越秀山西南麓有一座遐迩闻名的三元宫，宫内西侧有个鲍姑祠，祠中有位女神高踞神台之上，接受着人间的香火。其实，这位『女神』在一千六百多年前却是一位肉眼凡胎的大家闺秀哩。

鲍姑，东晋时南海太守鲍靓的女儿。鲍太守是一位信奉道教的官吏，他为了弘扬道教，便下令在越秀山西南麓建了一座『越岗院』，除了请道士入院主持外，这位太守还经常亲临越岗院宣讲道教教义和炼丹术；鲍靓还与身怀医术的道士一道研究医学和针灸术，深得个中奥妙。鲍太守视女儿鲍姑如掌上明珠，每当太守到越岗院或出巡时，鲍姑总是吵着要跟去，太守拗不过女儿，只好把她带在身旁。鲍姑耳濡目染，小小年纪竟也学到了不少道教方术、医术和针灸术。

公元三一七年左右，关内侯葛洪南下广州任勾漏令，他与太守鲍靓都是道教中人，交谈十分投契。葛洪一有空便到越岗院与鲍靓切磋道教方术，把鲍太守敬奉为师，鲍靓十分高兴。此时鲍姑已经长成漂亮的大姑娘，鲍靓决定把女儿许配给心爱的徒弟为妻。葛洪和鲍姑都十分高兴；婚后，两人相敬如宾，感情甚为融洽。葛洪长于针灸，据说曾绘经络图勒石为碑（至今三元宫仍有一块经络图碑）。

葛洪于三二七年偕同妻子鲍姑和弟子黄初平等到罗浮山的狮子峰炼丹参道。鲍姑除协助丈夫炼丹外，还帮他抄写著作；每日还照顾丈夫饮食起居，为附近群众治病，成为葛洪的得力助手。

公元三六四年，葛洪在罗浮山朝斗坛仙逝。鲍姑带着徒弟黄初平等重返广州越岗院，一面修道，一面为群众治病，她继承了父亲鲍靓的医术和丈夫葛洪的针灸术，加上她自己钻研、积累的心得，医术更加精湛，为病人治疗时往往手到病除；当时越岗院内有一口井，她以井水熬药为群众施治，人们把那口井（现已湮没）称为『鲍姑井』，而尊称这位神奇的女医师为『鲍仙姑』。鲍姑在越岗院修道行医直到仙逝。人们为纪念她，特在院内西侧建起『鲍姑祠』，四时祭祀这位女神医。明代万历、崇祯年间越岗院改为三元宫，重修三元殿，鲍姑祠仍在宫中。至清初尚可喜重修三元宫时，鲍姑祠已坍废，直至近年才又重建起鲍姑祠纪念这位一千六百年前的女神医。

黄大仙

（东晋）

黄大仙的传说在港澳台地区、东南亚等地流传甚广。在广州芳村、佛山南海和香港竹园等地，都建有黄大仙祠，终日香火鼎盛。

黄大仙，原名初平，晋朝丹溪人。年幼时家中贫穷，往往连吃糠菜也上顿不接下顿。所以，他在八岁的时候，就给有钱人家牧羊，终年奔波于烈日下、风雪中，受尽了主人家的毒打、折磨。黄初平在艰苦的生活中苦熬了七年，至十五岁时，有一次他在故乡金华的赤松山放羊，忽然遇见一位慈祥的中年人，他们就谈了起来。那人向他问了不少问题，黄初平都敏捷地回答上来了。那中年人原来就是著名的炼丹家葛洪仙翁，葛洪对这个牧羊少年十分满意，便把他收为徒弟，并为他起道号『黄野人』。

以后，葛洪听说交趾产丹砂，便南下广州，黄野人也随仙翁赴粤，于三二七年追随葛洪到罗浮山的狮子峰炼丹。罗浮山被道家称为第七洞天，第三十二泉源福地，是仙人安期生曾到过的地方，这里满山遍野都是仙草奇药，是炼丹采药的好地方。黄野人每日随葛仙翁炼丹修道，还向师母鲍姑学针灸术；昔日的牧羊少年至这时已成为饱学的道家、高明的医师。

黄野人追随葛仙翁凡四十余年，弃却凡尘，专心修道。至公元三六四年，葛洪在朱明洞朝斗坛仙逝。此后，师母鲍仙姑到广州越岗院（即今三元宫）悬壶医病；黄大仙不久亦云游四方，后曾到西樵山宝庆设坛收徒，并医护乡里，泽被四方，至耄耋之年才去世。

卢循

（？—四一一年）

公元四〇四年，一支舰队在风高浪险的汪洋大海中漂泊，旗舰上有位年轻军官忍着饥饿、晕浪的痛苦，鼓励着跟他一样衣衫褴褛的战士们，指挥他们升帆掌舵。终于，舰队驶近虎门，岛屿隐隐在望。战士们兴奋得忘掉了晕船之苦，投入了战斗准备——因为他们马上就要在造反首领卢循的指挥下，去攻打东晋的南方重镇——广州了。

卢循，范阳涿县（今属河北）人，字于先，小名元龙，出身士族，是『五斗米道』道首孙恩的妹夫。孙恩的造反军于四〇二年被东晋大军击败，孙恩及家属、部下百余人投水牺牲；余部拥戴卢循为领袖。

卢循在浙东坚持斗争一年多，被东晋大将刘裕屡次击败，追到晋安（今福州）。在此生死关头，卢循做了一个很有胆略的决定：渡海去番禺。经历二百多天航海，终于奇迹般出现在番禺城外。四〇四年十月，在包围番禺三个月后攻入城内，生擒广州刺史吴隐之。卢循又派姊夫徐道覆攻克始兴（今韶关），一时震动东晋朝廷。四〇五年，朝廷任命卢循为平越中郎将、广州刺史。卢循释放吴隐之。

四〇九年，始兴郡太守徐道覆建议卢循北上反晋，四一〇年卢循大军北上，兵分两路：徐道覆攻建康，卢循攻巴陵。然后两军会齐，十多万大军直攻建康。东晋朝廷在造反军打击下乱作一团。可惜卢循多疑少决，贻误战机，反被刘裕率晋军击败，并被直追回岭南。

此时，番禺已被刘裕派兵从海上登陆袭占。四一一年春，足智多谋的徐道覆在始兴失陷时战死；卢循收集残部二万人围攻番禺失利，带着剩下的三千人马以奇兵攻占合浦，造反军于是声势又趋壮大，沿海岸西进直达交州首府龙编城。但于四一一年六月与交州刺史杜慧度的决战中，卢循中箭负伤，兵败投水牺牲。

卢循和孙恩的造反有力地打击了我国东南沿海的世族豪门，为刘裕后来建立的刘宋皇朝短期繁荣的『元嘉之治』打下了基础。卢循在广州时保境安民，受到广州百姓爱戴。

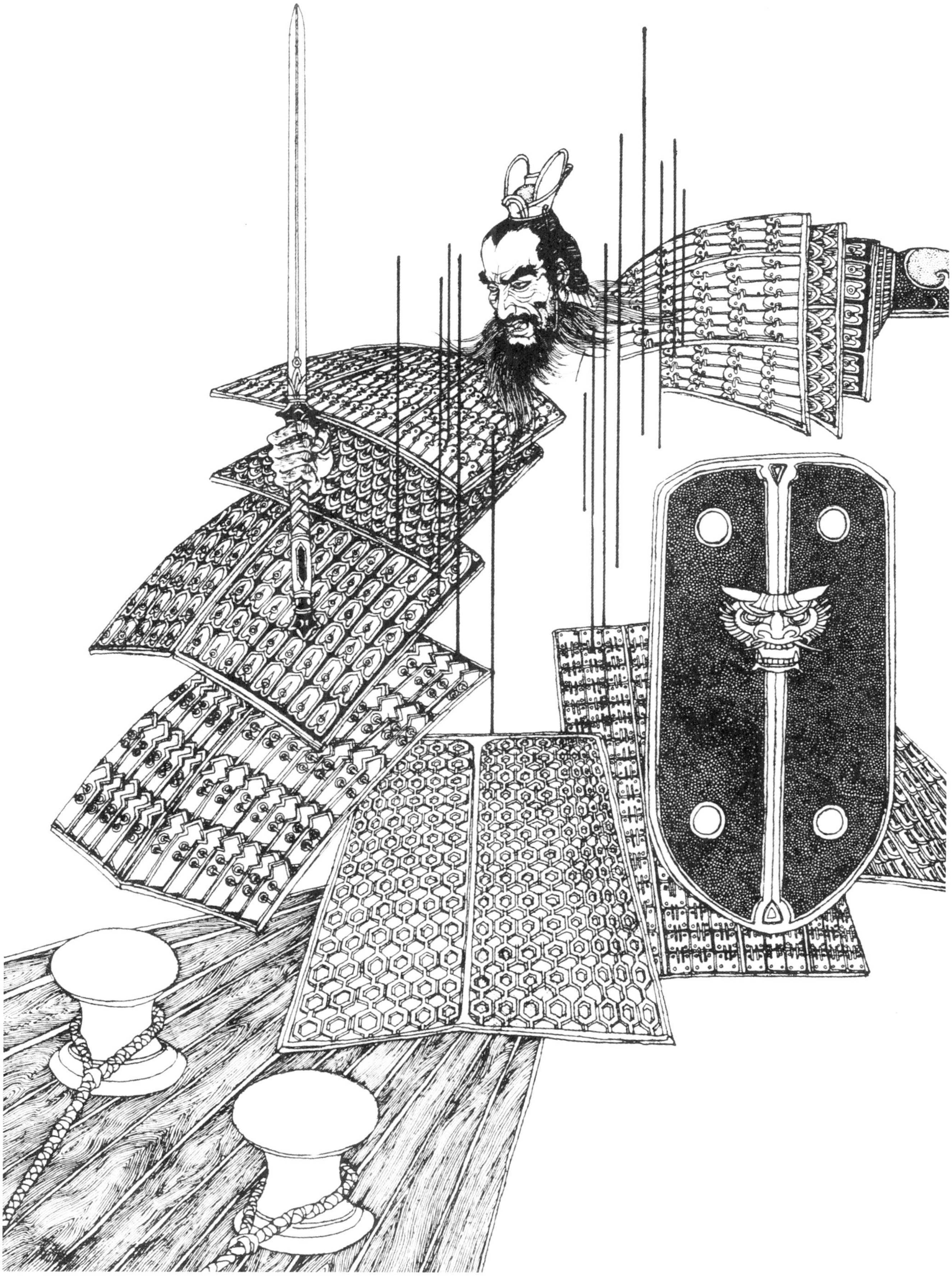

菩提达摩

（？—五二八或五三六年）

大约在公元五二〇年，一位来自印度的南天竺僧徒在广州登岸。他说，他是天竺禅宗的第二十八祖——菩提达摩，已经一百五十岁了，特来中国传授禅学。

达摩到广州后，由于禅宗与南朝（梁）重义学的学风不合，便辗转北上。而他初到广州处便被命名为『西来初地』，并修起了一座西来庵（今华林寺），以纪念菩提达摩莅临的盛事。

达摩北上到了洛阳，当时正是北魏孝明帝时期，他住进嵩山少林寺终日面壁修炼，历经九年，开始收徒。他说，他的禅学是『直指人心，见性见佛，不立文字』。他向弟子传的是《楞伽阿跋多罗宝经》（即佛入此山说的宝经），共四卷。教人要『二入四行』，即理入、行入，以及报冤行（逢苦不忧），随缘行（得乐不喜），无所求行（有求皆苦，无求即乐），称法行（法指空无之理，称法而行，即无心而行）。达摩在徒弟中选中了博览群书、尤善老庄的弟子慧可，认为堪充法嗣，但还须表示为法舍身的决心。慧可便斩断自己的一臂表示决心。

达摩于是把『历代传法的凭证』——木棉袈裟和四卷《楞伽经》交给了慧可。达摩于大约公元五三六年圆寂（去世）。

以后，慧可传三祖僧璨，僧璨传四祖道信，道信传五祖弘忍，再以后便是六祖慧能。禅宗至此完成了其变化的历程，并且成为中国佛教最大的宗门。

陈霸先

（五〇三—五五九年）

五四二年，广州邻近的州将周文育、杜僧明等发动叛乱，率数万叛军围攻番禺城，梁朝广州刺史萧映惊恐万分。这时，年轻的高要郡监陈霸先率三千精兵，沿西江突进东袭，消灭了数万叛军，生擒叛将周文育、杜僧明并纳为部曲，保住了广州。这次大捷使梁武帝喜不自胜，特地派画师绘陈霸先肖像，挂在宫中早晚观赏。

陈霸先，吴兴长城县（今浙江长兴县）人。他出身贫寒，早年曾当过里司、油库吏、传令吏等微职，但他少有大志，熟读兵书，武艺高强，后来当上了小军官。在镇压交州农民起义的战事中逐渐崛起，升任高要参军、郡监。广州解围后升高要郡太守、西江督护。

五四九年，东魏司徒（即丞相）侯景声称归附梁朝，却领兵攻陷梁朝首都建康，饿死梁武帝。侯景攻三吴、破江陵，造成江南的严重破坏。他又勾结广州刺史、鲜卑贵族元仲景，以南北夹攻消灭梁朝；元仲景于是准备杀陈霸先。

陈霸先识破了元仲景的阴谋。他突然进攻番禺，并公布元仲景勾结乱贼侯景的罪行，使番禺兵哄散，元仲景只得上吊自杀。

继任刺史萧勃想乘侯景之乱夺取皇座，竟收买土豪拦击北上平乱的陈霸先。五五〇年陈霸先率兵杀败土豪，攻克南康郡（今江西南部）。然后，陈霸先联合高凉太守冯宝及冼夫人，打败高州刺史李迁仕，并于五五一年擒杀李迁仕。再经赣水顺流而下，会同荆州部将王僧辩，于五五二年收复建康，侯景在逃窜途中被部属杀死，从此结束了历时达四年的『侯景之乱』。

五五二年，陈霸先又派杜僧明等大将剿平各州叛将，打败广州叛军，杀了广州刺史萧勃。

五五五年，陈霸先和王僧辩在建康拥立梁元帝的儿子萧方智为梁主。这时，北齐派兵护送傀儡萧渊明来争梁朝帝位，王僧辩屈服了。陈霸先一怒杀了王僧辩，立萧方智为梁敬帝，挫败了北齐把势力伸向江南的阴谋。然后，陈霸先击败齐兵，削平各地叛乱，他也受封为陈王。

五五七年，陈霸先灭梁朝，登帝位，建立起对抗北齐和后梁的陈朝三十三年基业。陈霸先也是我国历史上唯一在广州崛起的封建皇帝。五五九年，陈武帝（霸先）去世。他平定侯景之乱，维持了中国南方短暂的和平，对于恢复和发展江南经济及以后隋朝统一中国都有重大意义。

刘删

（南北朝·陈）

自古以来，人们都以为唐朝的张九龄是广东第一位诗人。然而，据记载，有诗作一直流传至今的广东第一位诗人，当首推南北朝时期的刘删，他比张九龄还早一百多年哩。

刘删，字正简，广东南海人。他大约生于南朝齐末至梁朝初年，少年时十分好学，很有志向；而且，他举止严谨，孝敬长辈，因此受到人们的推崇，认为他诗文古朴高雅，操守堪称楷模。南海的地方官吏听说人们对刘删评价甚高，曾特意召他见面，在谈话中，感到刘删确实志向不凡，且很有才气，便举荐他当咨议官。

五四八年，侯景作乱；五四九年，侯景攻入梁朝首都的皇城台城，饿死梁武帝；五五一年，侯景杀梁简文帝，自称汉皇帝；直至五五二年侯景败逃被部属杀掉——几年之间，锦绣江南竟被『侯景之乱』破坏得不像样子。连侯景手下一位文官徐伯阳也南逃广州避难。徐伯阳当时见到刘删的文章大为赞赏，称他为『广东奇才』。

然而，直到陈朝灭梁而立，陈宣帝于五六九年登基以后，才宣召刘删到京城建康当官，任命为临海王的长史。刘删在朝廷以诗会友，与当时的诗人骚客均有酬唱。他有九首诗被收入唐朝文士编选的《艺文类聚》一书中，可见其艺术价值较高。这九首诗都是五言古风，或咏秋蝉，或咏青草，还有一首咏苏武牧羊，其诗意盎然，绝非平庸之作。

刘删在陈朝末年殁于任上。计梁朝历五十六年，陈朝历三十三年；以此看来，刘删在当时亦属高寿人瑞了。

冼夫人

（约五一二或五二五—约六〇二或六〇四年）

公元六世纪，在广东高凉（今恩平一带）出了位俚族女英雄，她历经梁、陈、隋三朝，身经百战，并被三朝册封，岭南人民还尊称她为『圣母』。这位女将军就是冼夫人。

冼夫人出身于俚族冼姓大家庭，兄长冼挺是有势力的官吏。冼夫人文武双全，英姿飒爽，智勇过人。一次，越、俚两族械斗，冼夫人闻讯只身前往劝解，使两族重归于好。梁朝的罗州刺史冯融听说此事后，特聘冼夫人给自己的儿子冯宝（当时任高凉太守）当媳妇，结成了俚、汉两族的姻缘，促进了两族融洽相处。

五四八年，梁朝爆发『侯景之乱』。高州刺史李迁仕打算乘乱割据，便请高凉太守冯宝去议事，企图拉冯宝一道叛乱。冼夫人机警地识破了李迁仕的阴谋，极力劝阻丈夫。过了几天，李迁仕果然造反。冯宝对妻子的料事如神大为惊讶。冼夫人又进一步以拜见为名，亲自带着士兵，暗藏兵器进城杀了叛乱的刺史。

梁、陈两朝交替时，冯宝逝世。广州刺史欧阳纥起兵反陈朝，于五七〇年召冯仆（冼夫人子），逼他起兵。冼夫人闻讯，不顾亲儿子已成人质，毅然协助陈朝大军平定了欧阳纥的叛乱，并救出了儿子。陈朝以功册封冼夫人为中郎将、石龙太夫人。

隋朝建立后，又以巩固岭南有功封冼夫人为谯国夫人。隋炀帝登基后荒淫残暴，农民起义如火如荼；各地贵族乘乱拥兵自立。当时冼夫人已去世，她的孙子冯盎，以祖母威名控制了五岭二十余州（包括广州、梧州、海南等）。有人劝冯盎自立为南越王，被他以祖母教诲要忠心报国而严词拒绝。冯盎后来归附唐朝。

冼夫人数十年忠贞爱国，于六〇二年左右去世，享年约八十五岁。

慧能

（六三八—七一三年）

六六〇年，佛教禅宗五祖弘忍令门徒作佛偈，以决定传法衣木棉袈裟的人。大弟子神秀在壁上写了一偈：

身是菩提树，心如明镜台，时时勤拂拭，莫使有尘埃。

弘忍看了不满意，令神秀另作。这时，春米行者慧能虽不识字，却于禅学深有体会，他请别人代写佛偈：

菩提本无树，明镜亦非台，本来无一物，何处染尘埃？

五祖看了大喜，秘密给慧能讲《金刚经》及传授法衣，慧能成为禅宗的六祖。

慧能俗姓卢。父亲曾当官，原籍范阳（今河北定兴），后因罪流放到岭南新州（今广东新兴县）。慧能三岁丧父，少年时打柴养母，二十四岁时，听到别人诵讲《金刚经》，心有所悟，安顿好母亲后，便到湖北黄梅山东禅大寺院拜弘忍为师。五祖传授法衣后，命慧能速返新州；过了三天，五祖才宣布佛法已南去。神秀不甘心，派惠明追赶。惠明在大庾岭追上慧能，只问五祖所传的密言。慧能如实以告，惠明很满意，便让慧能带法衣逃去。

慧能在山林猎户家潜居十六年，至六七六年才敢出山，到广州制旨寺（或称法性寺，今光孝寺），恰遇印宗法师讲经，一些和尚在辩论幡动之理，一僧说，幡是风吹动的；另一僧说，风幡都不是生物，为什么会动？第三个和尚说，由于有缘分，所以才动；第四人说，幡不动，风自动而已。慧能说，只不过是你们的心动罢了。印宗一听大惊，即拜慧能为师。慧能于是在广州说法一年，创立禅宗顿门（南宗），与神秀的渐门（北宗）相对立。六七七年，慧能北移曹溪宝林寺（今韶关的南华寺）说法三十余年，为佛教同化为中国士大夫所能接受的宗教及弘扬禅宗做出了贡献。

六祖慧能于七二二年去世。生前他依照五祖旧例，允许十大弟子各立门户收徒传教，但停止传法衣。他说，为保法衣，他三次遇刺，一生命如悬丝，恐后代受衣人再遭不测，所以不再传法衣。

张九龄

（约六七八—七四〇年）

在广东韶关有一座丞相祠，祠内有一副楹联：『当年唐室无双士，自古南天第一人。』这位丞相就是唐玄宗时代的张九龄。明代邱濬有一首《寄题张丞相祠》的诗这么说：『岭海千年第一人，一时功业迥无伦。江南入相从公始，衮衮诸贤继后尘。』

确实，张九龄是历史上第一位广东籍丞相，他的道德、文章、才识俱佳，称得上是『自古南天第一人』。

张九龄，字子寿，一名博物，广东曲江人。他自幼聪敏过人，七岁就能写文章，二十九岁考取进士，当上了校书郎，后又升为左辅阙。七一六年，他奉命开凿大庾岭，以方便对外通商，由于他认真踏勘，督促有方，工程很快就完成了，因此受到朝廷内外的一致称赞。张九龄的诗词文章写得很好，很受当朝丞相张说的推崇，张说还跟他通了谱系，使张九龄的族系平步青云。张九龄曾一度被贬，但后来玄宗又把张九龄召回京城，并升为中书侍郎。他的仪表出众，玄宗赞叹说，见到他令人精神顿生。有一次玄宗叫大臣起草诏书，没有人写得合意，最后让张九龄写，他写得又快又好，玄宗大加赞赏，提升他为工部侍郎加知制诰，他深受信任，并于七三四年升为中书令。

张九龄为人刚直。玄宗爱妃武惠妃想陷害太子瑛，派人贿赂张九龄，他斥退来人，还力挫奸臣李林甫、武惠妃想要杀太子夺权的阴谋。他还看出安禄山的狼子野心，极力主张杀安禄山。但由于玄宗好大喜功，壮年以后贪图享乐，没有接受张九龄的意见，终于酿成了使唐朝走向衰败的『安史之乱』。

张九龄为官清正，直言敢谏，是一位有远见、创见和革新精神的政治家和文学家，为『开元之治』做出了重大贡献。

张九龄诗歌成就颇高，写下不少千古传颂的名诗，并对岭南诗派的开创起了启迪作用。其中诗《感遇》十二首，名列《唐诗三百首》第一首；《望月怀远》一句『海上生明月，天涯共此时』唱绝千古，并有《曲江集》二十卷传世。

玄宗不杀安禄山，还把张九龄贬为荆州大都督府长史。七四〇年，张九龄要求回故乡曲江，返家后不久就病逝了，享年约六十三岁。

韩愈

（七六八—八二四年）

韩愈有个侄孙韩湘（子），是传说中的八仙之一。据说有一次韩湘子为韩愈表演，用一个空盆变出了两朵美丽的碧花，花萼上还有一副小小的金字对联：『云横秦岭家何在，雪拥蓝关马不前。』韩愈不解其意。后来，韩愈被贬到岭南潮州当刺史，在陕西蓝关遇上大雪，韩湘子冒雪前来相见。韩愈这才明白金字对联中的意思；原来仙人早已推算出自己的命运了。于是韩愈把对联补写成一首诗，那就是流传千古的名诗《左迁至蓝关示侄孙湘》。

韩愈，字退之，河南河阳（今河南省孟州市）人。父亲韩仲卿曾任武昌令。韩愈四岁丧父，由嫂嫂郑氏抚养大。他自幼聪颖，刻苦好学，一天能记几千字的文章，并且七岁时就能随口著文，记录下来就是一篇好文章。

韩愈十九岁入京师长安，二十五岁时由梁肃举荐给丞相陆贽。同年考上进士，一时声名大振。但之后考『博学宏词』一直不中，三十岁以后曾先后在汴州刺史董晋以及徐州武宁军节度使张建封处为幕僚。直至三十五岁到长安时，才被授予『四门博士』的官职。当时关中大旱，百姓被饿死的很多。韩愈向唐德宗上疏，请求免除灾区田租，放宽徭役，因而于八〇三年被贬到岭南连州当阳山县令。幸亏两年后德宗驾崩，唐顺宗登基大赦天下；同年唐宪宗李纯夺得皇帝宝座。韩愈被任命为江陵府法曹参军。八〇六年被召回长安，官拜国子博士。以后累官至刑部侍郎（八一七年）。但两年后又由于上疏反对唐宪宗迎佛骨，几乎被皇帝杀掉；经大臣们恳请，才改成贬为潮州刺史的处分。韩愈在潮州体恤民情，兴修水利，关心民间疾苦，还写了著名的《祭鳄鱼文》。潮州人民为他建立了『韩公祠』，世代纪念。至八二〇年，韩愈由袁州刺史任内被召回长安，升任国子祭酒，以后官至吏部侍郎。于八二四年（五十七岁）逝世。

韩愈的建树主要在与柳宗元倡道『古文运动』，一改六朝以来华而不实的旧文风，使中国古代散文取得了新的发展。韩愈『以文为诗』，在诗歌领域亦颇有建树。他两次入粤，对于广东文化事业的发展也起了重要的作用。

刘轲

（唐）

绿蚁新醅酒，红泥小火炉。晚来天欲雪，能饮一杯无？

这是白居易在江州写的著名诗篇《问刘十九》。历代考证都不知道刘十九的名字，近年有人说，刘十九就是唐代的广东古文学家刘轲，是后于张九龄约八九十年的广东文学家。

刘轲，祖籍沛县（今江苏徐州附近），因唐朝『天宝之乱』流落于广东曲江落籍，他就是在曲江出生的。他少年时在江西的佛寺中当小和尚，后因仰慕孟轲而以『轲』为名，并隐居庐山读书，恰好白居易受贬到江州，两人遂成文友。刘轲为实现儒家『达则兼济天下』的理想，携白居易为他写的《代书》到长安，于八一八年一举登上进士第，曾被任命为宏文馆学士、侍御史，最后外放当了刺史。

刘轲的才能表现在文学方面，他的散文写得很好，被五代王定保所著的《唐摭言》一书中誉为『文章与韩（愈）、柳（宗元）齐名』；清代所辑存的《刘斋仁集》中收有他仅存的散文。他有十四篇文章收于《全唐文》，其中八篇更被宋人姚铉选编入《唐文粹》，可见刘轲的散文确是不同凡响。

刘轲还是广东第二位小说家，他写的政治小说《牛羊日历》，以唐穆宗时期，牛僧孺与李德裕两位宰相为首的党争为背景，褒李而贬牛（小说中的『牛』指牛僧孺，『羊』指杨虞卿）。这是因为刘轲本人就站在李党一边，卷入了两党的争斗。

陈陶

（八一二—？）

誓扫匈奴不顾身，五千貂锦丧胡尘。
可怜无定河边骨，犹是青闺梦里人。

这首题为《陇西行》的七绝，是《唐诗三百首》中的名诗，其作者陈陶则是有诗篇流传至今的唐代广东籍诗人中的佼佼者。

陈陶，字嵩伯，广东诗人。他生活于晚唐藩镇拥兵自重、战乱频繁的年代，难怪他会产生反战思想。陈陶的诗写得很好，在《全唐诗》里收有两卷之多。他博学多才，不仅精通诗文，还对天文历数很有研究，这说明他的数学造诣也很深厚。可是，这位才子的运气很差，历次科举考试都名落孙山。因此，陈陶终生只是个布衣，无缘攀龙附凤。

陈陶既失意于仕途，因而穷困潦倒，只好归隐林下，依靠种柑、卖柑来维持家计。闲暇时则以教授妻儿为娱，所以他的妻子儿女都能够诵诗读书。

陈陶在生活的艰困中，思想也归于颓丧，只得向宗教去寻求安慰，他对于佛教、道教、儒教都甚有研究，自称『三教布衣』，但思想却近于清静无为的道教。到他晚年时，更隐居到江西南昌市的西山。由于他没有进入仕途，终生是个隐士，所以后人对他的身世、籍贯都不很了解，有人说他是南昌人，还有人指他为福建南平人，清代名家记录只说他是岭南人。直到近年研究者们才弄清陈陶是广东人。

陈陶逝于南昌的西山隐居处，享年七十多岁。

鲁景仁

（？—八九九年）

唐朝末年，社会不靖，官逼民反，王仙芝于八七四年在河南长垣造反；次年，黄巢在冤句（今山东菏泽）造反，就在那时候，贫民鲁景仁参加了黄巢的造反大军（在农民的立场，是起义军了）。

八七八年，王仙芝战死。黄巢自称『黄王』，号冲天大将军，他灵活机动，在打了三次败仗后渡长江南进，转战于今江西、安徽、浙江、福建等省，八七九年入粤占领广州。同年闰十月，黄巢军内发生大瘟疫，造反军上下主张离开岭南，到北方图大事，黄巢于是率大军（号称五十万）北上。

当时，鲁景仁由于作战骁勇，甚有谋略，已被黄巢提拔为骑兵将领；在黄巢北上时，鲁景仁恰好患病，只得率千名骑兵留在连州。不久，鲁军中粮食不足，鲁景仁只好到道州（今湖南境内），向当地酋长蔡结借粮；两人见面后，谈得十分投契，蔡结立即答应借粮，从此结为莫逆之交。

此后，鲁景仁又与连州的州将交上了朋友，并发动当地不堪唐朝官吏盘剥的手工业者和小商贩四五千人起事，一举夺取了连州。当时，黄巢大军北上势如破竹，于八八〇年攻破长安，建立了大齐国。消息传来，使鲁景仁大为振奋，他又与郴州、永州（今湖南境内）的小股起义军联合，占领郴州、永州，与连州、道州一起形成了一片义军根据地。但此时黄巢造反军已走下坡路，八八四年，黄巢兵败入泰山，在狼虎谷被叛徒杀害。鲁景仁和盟友坚城自守，继续与唐朝军队对抗，这些义军地方政权竟继续坚持了十五年。直至八九九年，新兴军阀马殷调集大军攻陷永州、道州、郴州，包围了连州城。鲁景仁孤军苦守连州三昼夜，被马殷派兵乘夜放火焚烧城门，连州才告失陷。鲁景仁在城破后宁死不屈，自刎牺牲。

刘隐

（八七四—九一一年）

唐朝末年，各地军人集团割据，唐朝小朝廷在风雨飘摇中。八九四年冬天，封州刺史刘谦临终前对儿子刘隐说：『五岭盗贼方兴，我家兵甲精良，你们要建功立业，机不可失啊！』这一番话，竟成为日后统治岭南的南汉国崛起的前序。

刘隐，封州（今广东封开）人，刘谦的长子。刘谦原是封州的低级军官，因打仗卖力，高攀上了节度使的侄女为妻。黄巢军北上后，他乘势霸占封州为地盘。唐朝僖宗皇帝此时已毫无权威，只得照例正式册封刘谦为封州刺史，兼领梧州、桂州。刘谦当上刺史并不满足，他招降纳叛，省吃俭用蓄养私兵，几年间居然已有精兵万人、舰队一支。他苦心经营封州十二年却病死，长子刘隐便继任封州刺史。

刘隐居丧期间，忽闻贺江有百余人密谋起事。他不露声色，夜晚突然掩袭，把密谋者一网打尽。由此可见他的机谋。

以后，唐昭宗派清海军（即岭南东道）节度使李知柔（薛王）来粤，被广州州将卢琚派大将谭宏玘守住端州，拒节度使入境。为拉拢刘隐，谭宏玘以女儿许配刘隐。刘隐却伪装迎亲，杀了谭宏玘，并乘势攻入广州杀死卢琚。把李知柔迎到南海就任节度使，他自己也被升为清海军行军司马。一年后，刘隐又打败韶州刺史进犯广州的兵马，使李知柔及继任节度使徐彦若对刘隐都产生了好感。徐彦若病危时，立下遗表推荐刘隐候补节度使。

刘隐又大搞政治投机，向唐昭宗的大将朱温送财送物，九〇五年被朱温任命为节度使；他又上书给朱温劝进；九〇七年，朱温杀昭宗，自立为后梁皇帝，刘隐劝进有功，被封为大彭郡王；他进贡后梁小朝廷二十万助军钱、大量奇珍异宝，再被加封为南海王。

刘隐一心自图霸业，到处招揽人才，把后梁大臣赵光裔、李殷衡也留在广州；还扩大城市，为日后称帝做准备。可惜他中年早逝，三十八岁便撒手尘寰，把苦心经营的家业、军队留给了弟弟刘岩。

素馨

（五代·南汉）

广州河南有一个庄头村，这个村由于在一千多年前广种『耶悉茗』花，并据传曾出过一位绝代美人素馨而闻名于世；因此，这个村又叫『花田』或『素馨斜』。

耶悉茗花是汉朝名士陆贾从西域带回中国的，之后又被人辗转带到羊城，在庄头村安下了『家』。每逢花开时节，香播百里，彩蝶飞舞，令人流连忘返。在花田中，有位心灵手巧、美貌惊人的种花姑娘素馨，她的头上插着幽香的耶悉茗花，还把花朵串成花灯挂在房间里，使她的闺房馨香四溢、明丽照人。

九五八年，南汉国最后一位皇帝刘鋹登基，立即下诏选天下美女三千。年方二八的素馨也被选进宫内，并在美女中独占鳌头。刘鋹非常宠爱她，把她立为妃子，并为她兴建离宫春华园，宫中广种她所喜爱的耶悉茗花，并下令三千美女都要像素馨那样头戴耶悉茗花。从此，每天早晨美女梳洗时，花飘落宫中小河，随波流入下游湖中。士大夫们于是把河上石桥誉为『流花桥』，誉湖为『流花湖』。

刘鋹对素馨宠爱有加，百依百顺。有一次，他说：『孤王有你这个下凡仙女，三千美女都等闲了！』素馨为了解救三千姐妹，故意让皇帝把她们放回家去，以示仿效唐明皇『三千宠爱集一身』。南汉王果然言听计从，把三千美女都放回家去，使无数家庭重获团聚，人们对素馨妃更是感恩戴德。

素馨在宫中十余年，忽染病而死。刘鋹把她的香骨葬于庄头村耶悉茗花丛中，乡亲们遂把这种花易名为『素馨花』，以示对素馨的纪念。

包拯

（九九九—一〇六二年）

在合肥市的包公祠里有个『香花墩井』。据说，从前有位太守饮了这个井的水后，忽然头痛不止；当时的人都说，那是由于包公在天之灵憎恨贪赃枉法的贪官，才给那个太守一个小小的惩罚，以示警诫的。那太守一听，吓得竟然把香花墩井填了。从此，人们便把此井改称为『廉泉』，还在井上盖起六角亭，挂匾刻文以示卫护和纪念……

包拯，字希仁，庐州（今合肥）人。他生于北宋真宗年间，家中贫困；但包拯自幼好学，才华出众，二十八岁便考中进士。首任江西建昌知县，他却由于父母年老多病而留在家中没有赴任。直至父母去世后，包拯才离开家乡去天长县当知县。一〇四〇年，包拯被调到古端州（今广东肇庆）知军州；他在那儿减免捐税，上疏要求禁止各级官吏加码征收『贡品』端砚，他还在端州城内开凿七井，以解除居民饮水困难。他在任四年，还为端州百姓平反冤案，惩恶扶善，做了不少好事。至今在肇庆还流传着包公铁面无私的故事，遗有纪念包公的胜景。离开广东后，包公还曾到其他省份当过地方官，政绩卓著，累功调升按察御史、西北转运使、天章阁待制、开封府知府等职。由于包公为官清正、断案如神，故被百姓奉为『包青天』，成为历史上著名的清官。据说他专门锻造了龙、虎、狗三铡，其中龙、虎二铡刀专杀欺压百姓、贪赃枉法的皇亲贵胄、达官贵人，因此贪官污吏见了他都心惊胆战。

包拯还是一位杰出的外交家。他曾奉派出使契丹，契丹国君派人对包拯说：『你们的边城新开了便门，是不是打算引诱契丹人背叛国家，刺探契丹的边防机密呀？』面对契丹强词夺理的威胁，包拯一点也不害怕，他义正词严地反问道：『你们的涿州也曾经另开便门，是否就是为了刺探大宋的机密呢？』一句话问得契丹官员哑口无言。包拯以他的机智灵活和大无畏精神，挫败了契丹人的阴谋，维护了祖国的尊严。

出使契丹后，宋朝皇帝十分赞赏包拯的才能，把他的官职从枢密副使，提升为龙图阁直学士。

包拯于一〇六二年去世，享年六十四岁。

余靖

（一〇〇〇—一〇六四年）

一〇四三年，宋朝仁宗皇帝要选一名大臣出使北方强邻辽国，以祝贺辽国承天后寿辰为名，探听辽国虚实。御史余靖抱笏启奏：此行应使北方两大强国西夏、辽国互相牵制，无法进攻宋朝边境。仁宗一听，龙颜大悦，立即派余靖任祝贺辽国母正诞的使节。

余靖，字安道，广东韶州曲江（今韶关）人。余靖自幼博学多才，过目不忘，经史杂艺都很精通。他年仅二十五岁就高中进士，可谓少年得志。

然而，由于余靖刚直不阿，初涉官场就因上书皇帝营救范仲淹而受牵连，从『集贤院校理』被贬为『监筠州酒税』。后来，因宋朝内外交患，仁宗被迫改革朝政，才把余靖擢升为御史，与欧阳修、王素、蔡襄等名臣同是言官。

余靖前后三次使辽，并学会了辽语，广泛收集辽国情报，并建议册封辽国国王、答允西夏向宋朝称臣，以便辽、夏争斗，无暇南侵中国。他还当面向辽主解释：宋朝已答应西夏称臣，作为大国要讲信义，不能背信弃义。使对此不满的辽主也无话可说。正由于余靖提出了如此灵活的外交政策，使辽、夏互相厮杀，而宋朝则赢得了北方边境长期的稳定，国内人民获得休养生息的安定局面。余靖不愧为我国古代的杰出外交家，却因作《藩语诗》，被弹劾贬官。

一〇六一年，交趾人入寇邕州，杀了五位宋朝巡检，朝廷震动。文武百官一致认为：以余靖的恩信威望，必能降伏交趾。果然，余靖带兵到了广西，召交趾用事臣来见，一席话就说得交趾退兵，并交出五名为首作乱的交趾乱臣，在钦州斩首示众，从而降伏了交趾。

余靖于一〇六四年官拜工部尚书，同年七月病逝于金陵。宋英宗辍朝一日，下令举国哀悼。

余靖好学深思，留下的著作丰富，有《武溪集》二十卷等，对政治、经济、文化、科学等方面均有建树。

苏轼

（一〇三七—一一〇一年）

大江东去，浪淘尽、千古风流人物。故垒西边，人道是、三国周郎赤壁。乱石崩云，惊涛裂岸，卷起千堆雪。江山如画，一时多少豪杰！

遥想公瑾当年，小乔初嫁了，雄姿英发。羽扇纶巾，谈笑间、樯橹灰飞烟灭。故国神游，多情应笑我，早生华发。人间如梦，一樽还酹江月。

这首《念奴娇·赤壁怀古》气势磅礴、豪迈奔放，确属千古绝唱。

苏轼，字子瞻，号东坡居士，北宋嘉州眉山（今四川眉山）人。他与父苏洵、弟苏辙合称『三苏』，同列于『唐宋八大家』之中。

苏轼诞生于书香门第，学识十分渊博。他少年得志，二十二岁便中进士，但仕途却十分坎坷。宋神宗时，王安石当政推行新法，苏轼认为王『求治太急』，被王安石贬为杭州通判，以后累迁密州、徐州、湖州。一〇七九年，苏轼写的一首诗被诬指为『指斥皇帝』，几乎被杀，这就是著名的『乌台诗案』；以后从轻发落贬为黄州团练使，《赤壁怀古》《前赤壁赋》《后赤壁赋》等千古名章就是在那儿写成的。

一〇八五年，宋哲宗即位，旧党首领司马光当上了丞相，苏轼升任翰林学士，但他不赞成全盘否定新法，于一〇八九年再次被排挤到杭州，苏轼在那里疏浚西湖、堆筑苏堤、重修六井，使杭州粗具风景胜地的风貌。一〇九四年新党执政，苏轼又被贬谪到岭南『蛮荒之地』惠州。他疏浚惠州西湖、修惠州桥，为当地人民做了许多好事。接着，苏轼以六十三岁高龄再遭贬谪到儋耳（今海南岛儋州市），他与当地人民同甘共苦，结下了深厚友谊。因此，当一一〇〇年宋徽宗登基大赦天下，苏轼离开海南时，当地黎汉百姓竟沿途设酒、挥泪送别。为了纪念苏轼与广东人民的情谊，惠州、海南都建立了东坡祠。苏轼在北归途中病逝于常州，终年六十五岁，葬于河南郏县小峨眉山。

苏轼是我国文坛继屈原、李白、杜甫之后的又一巨星，他创立诗词豪放派，文章与欧阳修并称『欧苏』，书法居宋代四大书家之首，绘画方面提出『士人画』，是文学艺术史上仅有的全才。

李用

（南宋，约公元十三世纪）

清朝初期的著名广东诗人屈大均，曾写五首《白鹅潭眺望》，其中一首的后半段是这样写的：

人烟掩映桄榔屿，渔火虚无茉莉洲。几欲漂洋过日本，白膞东作百蛮游。

其中『几欲漂洋过日本』两句就用了李用浮海避乱去日本的典故。

李用，字叔大。广东东莞人。他年幼时父亲便去世，靠母亲养大。李用喜读诗书、理学，不愿参加科举考试。他一面研究心理学，一面设馆教书以维持生活；他研究心理学三十年，名声日益大起来，跟他学习的学生也愈来愈多。他的学馆称为『竹隐精舍』，人们也因此称他为『竹隐先生』。当时的名儒李昂英曾经慕名专诚拜访李用，跟他谈话竟日，感到深有体会，称誉李用为有道君子，还把李用所著的《论语解》呈献给朝廷，皇帝看了以后，下令印行全国；李用的名字由此而传遍全国。南宋朝廷授予他『校书郎』职务，他推辞不受；以后又迁为『承务郎』，李用拜受以后，南宋皇帝宋理宗（一二二五至一二六四年）特赐给他『竹隐精舍』匾，以表彰他安贫乐道的志向。

李用不愿做官，实际上是看到南宋小朝廷偏安江南，不思进取；而北方金国之患未除，蒙古人又日益强大起来。为了避开战乱，他嘱咐自己的女婿熊飞起兵勤王，抗击外族的侵略，李用自己却带着诗书，乘坐木船浮海而东，到日本定居。当时的日本还是文化落后的国度，李用在日本教授诗书，许多日本人受到他的教化，敬称他为『夫子』。

李用在日本生活，至八十一岁去世。日本人为了感念他的恩泽，特地以鼓吹为李用送丧回国，称为『过洋乐』。李用实际上是广东最早到日本的文化使者。

黄道婆

（约一二四五年至元初）

在上海乌泥泾一带，至今流传着赞颂黄道婆的民谣：『黄婆婆，黄婆婆！教我纱，教我布，两只筒子两匹布！』甚至有人认为，松江府属的上海于十七世纪上半叶发展成为棉纺织业的重镇，也有黄道婆的一份功劳！

黄道婆是松江府乌泥泾镇（今上海徐汇区东湾村）人，大约生活于南宋末年至元代初年，即十三世纪中叶至十三世纪末。据传她原是童养媳，因受不了公婆、丈夫的毒打虐待而逃出家门；由于她久闻海南黎族擅长纺织，十分羡艳，因此，黄道婆便辗转南逃到了海南，并在崖州定居下来。

黄道婆在椰荫葵影间，虚心向黎族同胞学习棉纺织技术；在红棉绿榕的陪伴下，度过了自己艳丽的青年时代、丰硕的壮年时代；在漫长的岁月里，她跟黎族姊妹结下了深厚的情谊，她的纺织技术也日臻精湛。

黄道婆到晚年时，十分思念故乡，便于大约一二九五年至一二九六年间带着崖州的纺织工具回到了乌泥泾，同时也把黎族先进的纺织技术带回了故乡。她教乡亲们做工具，还教故乡的姑娘、媳妇错纱配色、综线挈花，她还传授了一手相当高级的提花技术，可以织出折枝、团凤、棋局、文字，看上去就像画在布上似的；她擅长的织造『崖州被』的技艺也在乌泥泾一带传开，从此『乌泾被』便以其精美华丽而享誉各地，乌泥泾竟有千余户人家依靠织这种被子为生。元代诗人王逢有诗赞道：『崖州布被五色缫，组雾紃云粲花草。片帆鲸海得风归，千柚乌泾夺天造。』

黄道婆回到故乡后，不辞辛劳日夜传授制造织具和纺织的技术，不久便与世长辞了。乌泥泾乡亲为她建立了祠庙，感激『道婆遗爱在桑梓，道婆有志覆赤子』。黄道婆不愧为我国古代杰出的纺织家。

邱濬

（一四二一—一四九五年）

在描写海南五指山的无数诗篇中，有一首七律《五指参天》尤为人们所称道：

五峰如指翠相连，撑起炎州半壁天。
夜盥银河摘星斗，朝探碧落弄云烟。
雨余玉笋空中现，月出明珠掌上悬。
岂是巨灵伸一臂，遥从海外数中原。

全诗意境宽阔，想象奇伟，被誉为冠绝一时的佳作。这首七律，相传就是明朝神童邱濬十二岁时所作。

邱濬，字仲深，别号深庵，明代琼山府下田村（今海南琼山县府城乡）人。生于一四二一年。邱濬自幼勤奋好学，但家境贫困，没钱买书，他便到街上的书摊看书，直到书摊收市才离开；他十二三岁开始读『四书五经』，准备参加科举考试，很快便能『过目成诵，出口成章』。一四四四年，邱濬参加广东乡试，高中第一名举人。接着，他两次赴京考试，中副榜，留在国子监里读书。一四五四年，邱濬再次参加会试，中二甲第一名进士，被选为翰林院庶吉士。

明宪宗时，邱濬被派去为皇帝讲解儒家经典，他声音洪亮、讲解认真，不久便升为侍讲官，并被任命编修《英宗实录》。此后，邱濬深受皇帝信任，一四七七年升任翰林院学士，一四八〇年加封礼部侍郎，掌管国子监。他参阅众典，写出了洋洋数百万字，共一百六十卷的《大学衍义补》，其中论述了政治、经济、法律等方面的问题。

明孝宗继位后，命令即把《大学衍义补》刻印发行，并把邱濬提升为礼部尚书。他与王恕、马文升等正直名臣成为孝宗时代的政治中坚。一四九一年，邱濬以七十一岁高龄升任内阁大学士（宰相）。一四九四年，邱濬右眼失明要求退仕回乡，孝宗不允许，还加封他为少保兼武英殿大学士、户部尚书。一四九五年，邱濬在北京去世，终年七十五岁。身后遗物仅有数万册书籍。邱濬堪称我国古代的一位大经济学家。

何真

（一三一九—一三八八年）

元朝末年，一个惯走江湖、善于钻营的人来到江西行省左丞、广东都元帅府，鼓起如簧之舌向都元帅呈献『符瑞』，说是『天降祥瑞，都元帅可以效法南越王赵佗割据岭南，南面而王』云云。这位都元帅不动声色，听完了他的『劝进』游说后，忽然大喝一声：『拖下去斩了！』那家伙还不知道是怎么回事就成了刀下之鬼……这位不肯裂土割据的行省左丞、都元帅就是何真。

何真，字邦佐，广东东莞县圆头山人。幼年时父亲便已去世，母亲对他管教很严。何真长大后喜好剑术，常读儒家经典著作。踏入仕途后曾被元朝派到河源县和淡水场（地名）当过小官。当时江淮一带农民起义，广东也受到震动。何真感到世道不太平，便辞去官职，回乡招兵买马，维持地方治安。他的部队号令严明，从不滥杀滥抢，因此逐渐在地方上站稳了脚跟。何真首先派胞弟攻占增城，建立和巩固『根据地』，然后乘胜夺得循州、惠州；他因而被元朝廷封为广东都元帅，镇守惠州。

当时，南海县有个邵宗愚作乱。邵宗愚于一三六三年攻占了广州后，便纵容士兵杀人放火，尽失民心。何真乘虚而入，毅然起兵夺得广州及邻近县城。元朝廷于是御赐『江西行省左丞』银印，让何真驻守广州。

一三六八年，朱元璋在南京建立明朝，登上了皇帝宝座。他派遣两路大军攻粤，其中一路由征南将军廖永忠率领，从福建方向攻粤。在征闽途中，廖将军先致书何真，肯定了何真保障一方的功劳，劝告他识时察势，归顺明朝。

何真读信后，决定归附明朝，向廖永忠上表请降。明太祖朱元璋闻讯大喜，除诏谕赞扬何真归附之功外，还封他当浙江布政使（省的最高行政长官）。而对诈降不顺的邵宗愚则以大军征讨，擒杀邵氏兄弟。

何真以后迁任湖广布政使，受封东莞伯，获赐『免罪铁券』。何真去世时，由皇帝亲自作文致祭，朝官穿素服三日致哀，以贵胄侯礼在京师厚葬，真可称得上是生荣死哀。他称雄广东十余载，对保持岭南的相对稳定、减少战争破坏做出了贡献。

苏福

（明初）

明朝初年，广东出了位神童，他年仅八岁时就以古诗《三十夜月诗》名震岭南，连明代著名文学家王世贞都对这位小神童的诗作推崇备至。这位神童名叫苏福。

苏福，广东潮阳县惠来都神泉人。他年幼时就十分聪敏，年仅几岁便认识千字，读书过目不忘，读古诗也能理解其中含义，乡邻都称之为奇。到他八岁那年，竟已能够写诗作赋，其中尤以《三十夜月诗》为佳，可称得上是天才之作。

此后，他又写了《秋风辞》，这首诗不仅遣词精妙，而且见解颇新，例如：『庭臯梧影动，树杪秋风起。人见秋风悲，我见秋风喜。彤云扫尽烟尘生，万里乾坤净如洗。……』难怪一些著名学者都为之赞叹：『词人悲秋，自古皆然，惟神童喜秋，有发越气。』

明代洪武年间，潮阳县举荐苏福参加全国神童科考试，在作对联时，苏福对『螃蟹身穿甲胄，横行天下谁莫敌』。明太祖朱元璋看了很不高兴，便借口苏福年纪太小，让吏部员外郎林鼎元护送他回家，等他长大了再行录用。

苏福满腔欢喜进京，却被无端送回家，犹如当头泼了一盆冷水，心情十分忧郁，他给护送的官员写了一首诗《送林鼎元》，诗中流露的悲凉忧伤的感情催人泪下。正是在这样的心情下，苏福路过浙江濮州时染病身亡，死时年仅十四岁。他的坟墓在广东潮阳县神泉镇北面的马东山南端，至今仍有游人到那儿缅怀这位夭折的神童哩。

林良

（约一四一六—约一四八〇年）

五百年前，广东出了一位大画家，他擅长画花鸟，竟然从一个杂役一直被举荐到京都，当上了宫廷画家，这位画家名叫林良。

林良，字以善，广东南海人。他大约生于明代永乐年间，少年时就喜爱绘画，曾向当时的画家颜宗学习山水画；向何寅学习人物画。以后，他选择花鸟画作为发展方向，从此专攻花鸟。

但林良家庭出身低微，家中贫穷，他只能在官府衙门中当一名杂役来挣钱糊口。有一次，官老爷得了一幅名画，高兴地悬挂起来欣赏，人们也交口称赞。林良在旁边看了一会，感到那幅名画还有一两处败笔，他一时忘了自己的身份，竟当着官老爷的面批评起那幅画来。

官老爷看这个杂役竟如此放肆，十分恼火，便斥责他胡说八道。林良这时才省悟过来，慌忙解释道：自己正在学画，刚才兴之所至，不禁失了分寸，望大人鉴谅。

幸而那位官老爷并没有深究，反而让人拿来纸笔，命林良当场作画。林良知道，官老爷是在试他有没有撒谎，便拿起笔来一气呵成地画了一幅自己拿手的花鸟画。

那位大人倒也懂些书画，一瞧林良的画既有残唐五代黄筌的妙处，又似大画家徐熙的笔墨，不禁连声赞好，当即把林良擢升为幕僚，命他作画以献给上司及馈赠同僚和亲友。于是，林良的画名在当地官绅中传开了。后来，林良又被举荐到京，当上了宫廷画家。

林良擅画雄鹰、雁鹅、鹤鹭等大鸟，花鸟画闻名全国。他既师承徐熙、黄筌，又能跳出徐、黄窠臼，自成一体。他用墨大笔淋漓，粗豪简放，创出了先求形似，追求神韵的写意体，很有南方的原始野气。他的代表作有《双鹰图》《灌木集禽图》《鹰击八哥图》《凤凰图》等，在我国绘画史上开了写意画的先河。以后的画家如徐渭、陈淳，直到清代的李鱓（『扬州八怪』之一）及后来的岭南画派，都受到林良的影响。林良约于明代成化年间去世。

林良距今已逾五百年，但他的真迹至今仍有约三十幅流传于国内外收藏界。

陈献章

（一四二八—一五〇〇年）

明朝中期，广东书法界出现了一股清新的劲风，一种笔力遒劲、直透纸背的沙笔书法震惊了书坛，创造这种书法的白沙先生为人们所推崇，他以茅为笔的创举成为人们津津乐道的佳话，『茅龙笔』不胫而走，白沙先生的字联更成为人们收藏的珍品……

这位白沙先生就是陈献章，字公甫，号石斋，一四二八年诞生于广东新会县圭峰山下的都会村，后举家迁靠近江门的白沙村。陈献章出生前一个月已丧父，故幼年即由祖父陈朝昌抚育，祖父是小康之家的知识分子，未入仕途，陈献章受祖父影响甚大。

陈献章二十岁考取广东乡试第九名举人，翌年赴京参加礼部会试，中副榜，选入国子监读书。在他二十二岁时祖父去世，故此他直到二十四岁时才再入京会试，但却名落孙山，从此便一蹶不振，故此他改随当时颇有名气的江西大儒吴与弼做学问。吴与弼朴素勤劳，每天天刚亮便起床亲自簸谷，叫起还在睡懒觉的陈白沙起床学习，使陈白沙养成了勤奋读书的好习惯。半年多以后，他返回故乡静坐读书十年，形成了他『以自然为宗』的思想体系；他三十九岁时再到京城国子监读书，写《和杨龟山〈此日不再得〉韵》一诗，国子监祭酒邢让读后大加赞赏，认为是『真儒』再出世上。一位老师对学生评价这么高，可见陈白沙的学问之高超。从此陈白沙的才名震动京城，许多达官名士都争着跟他交游。但陈白沙四十二岁时再参加礼部会试，却依然没有考上。陈白沙于是回到新会白沙招徒讲学。当时各地到他门下求学的人很多，他的名气也与日俱增，当他五十五岁时，两广总督朱英上疏给皇帝推荐陈白沙，明宪宗下诏征用，陈白沙于是再次入京。两年后便上疏要求回乡奉养母亲，皇帝授给他『翰林院检讨』衔，同意了他的要求。

陈白沙在乡授徒，来求学的门生很多，地方官吏也很尊重他，当他六十七岁时，巡按广东御史熊达还特意在白沙村建立了『嘉会楼』，以供陈白沙接纳门生求学。一五〇〇年陈白沙因病去世，终年七十三岁。

陈白沙是广东古代的大哲学家、大思想家，他的哲学上承宋朝的程颐、朱熹，下启明朝王阳明，对我国哲学思想发展起了极其重要的作用。

伦文叙

（一四六六—一五一三年）

在广东民间传说中，有许多关于『鬼才』伦文叙的有趣故事，据说他『五短身材、头大身矮』，却才高性傲；在与湖广柳先开同殿廷试时，以自己的才气压倒了柳先开，在主持正义的丞相梁储的支持下夺得了『状元』殊荣……

伦文叙，字伯畴，别号迂冈，广东南海县黎涌村人。生于明宪宗成化二年（一四六六年），他少年时代便聪敏好学，长大以后『长身玉立、头颅大二尺许』，是个身材魁梧的美男子，而并非传说中那样丑陋。伦文叙在科举途上也运气特好；明朝弘治十二年（一四九九年），他进京考试，原被主考大臣定为『传胪』（二甲第一名，即第四名），但大臣们后来发现原拟定的状元丰熙是个跛子，原拟定的探花孙绪虽系京师人氏，但他的身世家门一时未能弄清。主考大臣们于是紧急商议，把伦文叙推为状元，丰熙降为榜眼，刘龙（原榜眼）降为探花，孙绪降为传胪。廷试时，皇帝看到伦文叙洁白凝重、才貌出众，果然龙颜大悦，钦点通过。这一榜伦文叙与江南才子唐伯虎同科（而并非柳先开），伦文叙时年三十四岁。

皇帝很喜爱伦文叙，委任他为翰林院修撰，不久又升为右谕德兼翰林侍讲。伦文叙在朝廷讲经时，声音洪亮、吐字清晰，皇帝也为之『注目』；他在讲经时还讽喻朝政，借史劝喻皇帝，比如讲『舜有臣五人而天下治』时，就借史劝皇帝要圣明、要选择良臣。满朝文武大臣听了都心悦诚服。伦文叙当官以后，仍手不释卷、勤奋学习，因此他的诗文都写得富有真趣，为当时人们所推重。伦文叙还曾出任应天府主考，取录的多是名士，为朝廷选拔了许多有用之才。

伦文叙很注意教育子女，且教子有方，三个儿子（以谅、以训、以诜）后来都考上了进士，二子以训还考上了榜眼，成为『一门四进士』的佳话。

伦文叙于明正德八年（一五一三年）因病在京去世，当时才四十七岁。人们都惋惜这位才子英年早逝。在那以后，关于伦文叙的传说便流传起来，只是由于年代久远，又经过无数民间艺人的再创作，许多情节以至伦文叙的模样都走样了。然而，伦文叙的传说也更富有传奇性了。

海瑞

（一五一四—一五八七年）

在明世宗时期发生了一宗震动朝野的大事：一位刚升任京官一年的大臣，竟写了一篇《治安疏》给皇帝，直斥嘉靖皇帝二十余年不理朝政，一心只想当神仙，不仅违背伦理，还弄得民穷财尽，老百姓都骂：嘉靖嘉靖，家家皆净——这位敢于骂皇帝的大臣就是当时的户部云南司主事海瑞。

海瑞，字汝贤，一字国开，号刚峰。广东琼山（今海南海口市琼山区）人，回族。他的祖父海宽曾任福建松溪县知县。海瑞四岁时即丧父，在母亲谢氏抚养教导下长大。尽管他有四个叔伯是举人，有一个还考上进士、当过御史，属海南望族，但海瑞家只有十多亩地，家境并不宽裕，这就使海瑞从小了解民间疾苦，为他以后清廉做官打下了基础。不过他科举仕途并不得志，三十七岁才考上举人，以后他两次进京没考上，便发誓不再应考。直到他四十岁那年才被派到福建南平县当县学教谕（学官）。海瑞主张维护教师尊严，在学校里不给长官下跪。有一次都守和大夫来校，其他学官都下跪，唯有海瑞挺立当中，有的大夫讥讽道：『哪儿来的山字笔架？』

海瑞四十五岁时，因工作有成绩而升任浙江淳安县知县。于嘉靖四十三年（一五六四年）升京官，当时他已五十一岁，但他却依然故我，连皇帝也敢骂。

嘉靖皇帝看了海瑞的《治安疏》十分生气，原打算杀了他，后来一转念，只是把海瑞押进牢里，直到嘉靖皇帝驾崩后，海瑞才被放出来，并任兵部武库司主事。接着，隆庆皇帝在三年内五度提升海瑞，最后他当上了应天十府的巡抚。海瑞在任内疏浚吴淞江，加深开阔白茆河，使应天十府成为鱼米之乡。可惜他只当了九个月巡抚，便因侵犯了豪绅巨宦的利益而被罢官。

海瑞在家乡赋闲十五年多，直到他七十二岁（一五八五年）时才被重新起用，并升为南京吏部右侍郎和南京右都御史。海瑞七十四岁于南京任内病逝，死时身边仅有俸银十多两、旧衣几件。老百姓知道海瑞去世的消息，纷纷为他戴孝，痛哭流涕；他的棺木从水路运回家乡，两岸穿孝者连绵百里，哭声不绝。可见百姓对海瑞多么敬仰！

何维柏

（明朝中叶）

在明朝，粤籍官吏进入中央政府的为数渐多，而连任三朝大臣的粤籍官吏则不多见，何维柏就是其中一个。

何维柏，字乔仲，号古林。广东南海人。他早年在西樵山读书，结识了名儒湛若水（广东增城人，字元明，一四六六—一五六〇年）。湛若水是陈献章的弟子，也是位哲学家，他主张『随处体认天理』，后来曾自立门户讲学，与主张『致良知』的王阳明分庭抗礼。何维柏与湛若水切磋学问，以后湛若水官至南京礼部、吏部、兵部尚书，两人仍有书信往来。

何维柏于一五三五年中进士，累官至御史。在巡按福建时，正值当地灾荒，他下令开官仓赈济灾民，救活了数十万人。

嘉靖朝大学士严嵩结党弄权，何维柏不畏强暴，于一五四五年上疏弹劾严嵩，把严嵩比作唐朝的奸相李林甫、卢杞，以『邪媚邀宠』。这篇疏文实际上也触及了嘉靖皇帝，因此皇帝震怒，把何维柏抓进了监狱，严嵩指使他的亲信拷问何维柏，何维柏受尽严刑折磨，却毫不畏惧，口供始终如一。

严嵩对何维柏毫无办法，只好把他关在大狱里。后来何维柏获释，但却被削去了官职，他在家赋闲二十余年，以教育弟弟何维椅为乐，他弟弟果然文思大进，后来考上了进士。何维柏还到广州河南创立了天山书院，专门讲授陈献章的哲学宗旨，去听讲的人很多。

明朝隆庆皇帝继位后，起用何维柏为左副都御史。至万历年间任吏部侍郎，他极力反对当时卖官鬻爵的风气。最后，他终于因得罪宰相张居正而被罢官。何维柏终年七十七岁。

叶梦熊

（一五二六—一五九七年）

明代中期，蒙古暗达为孙儿请封。当时，蒙古暗达正炙手可热，满朝文武大臣都不敢得罪他。但一位粤籍官吏、山西监察御史叶梦熊却上疏反对，使朝野为之震动。上疏的结果可想而知：叶梦熊被贬到合阳县做县丞，官职被降了好几级。

叶梦熊，字兆男，号龙塘，又号华云，是当时名士叶春及的侄儿。广东归善人。他在叶春及的影响下，自幼好学；年长后，常随叶春及和叶萼、杨起元、李学一在惠州西湖啸吟，被人们称为『湖上五先生』。

一五六五年，叶梦熊中进士，任福清县令、山西监察御史，被贬为合阳县丞后，又因政绩甚好而逐渐升为赣州、安庆知府，云南副布政司，浙江道，山东按察司，贵州、甘肃巡抚等职，再进迁为左都御史。《明史》称道他有军事才能，『有胆识，敢为』。

万历中期，宁夏总督、蒙古人勃拜叛乱，杀死巡抚，并联络附近的蒙古部起兵相助，接连攻陷河西四十七堡，全陕为之震动。明万历皇帝起初派兵部尚书魏学曾去督促陕西等四省军事，但毫无进展，于是派叶梦熊接替魏尚书。叶梦熊巧妙地布置兵力、策划军事，在向敌人进攻时，叶梦熊又亲自冒着飞石流矢到前线督战，使明军取得了初战胜利；接着，叶梦熊又亲率大军乘胜追击，收复宁夏各州县，最后打到了勃拜巢穴，勃拜无法抵御，被迫自焚。叶梦熊俘获勃拜的儿子承恩，彻底平定了叛乱，然后在贺兰山勒石纪功，凯旋。万历皇帝晋升叶梦熊为左都御史，兼兵部左侍郎，以后又升为兵部尚书，加太子少保。

平定勃拜之战是明朝中期的关键一战，它为稳定明朝统治及维护西北边疆安宁做出了贡献。叶梦熊后来升为太子太保。他对军事科学卓有建树，著有《华云集》《五镇奏疏》《筹边议》《战车录》和《运筹决胜纲目》等，晚年他请病辞官，回乡继续著书，直至一五九七年去世，享寿七十二岁。

谢五娘

（一五七三—一六一五年）

杜鹃啼血诉春归，惊落残花满地飞。惟有帘前双燕子，惜花衔起带香泥。

这首巧妙的七绝题为《春暮》，颇得唐诗风韵，诗的作者是明代万历年间有名的『韩江才女』谢五娘。

谢五娘，广东潮阳人。她容貌俏丽，也许应了『红颜薄命』这句谶语吧，她的生活道路是十分曲折的，据史书记载，她还曾经被捕入狱，但到底是什么原因则没有提及。

谢五娘生活的时代正是明朝从兴盛走向衰败的明神宗万历年间（明神宗恰于一五七三年即谢五娘出生那年登基），官僚贵族的生活腐化堕落，其奢靡风气不能不影响市井小民。澄海人李勋认为她的诗『衰而不淫，丽而有则，可谓工于言情，绰有宋人风格』。

谢五娘曾有诗集《读月居诗》，但原刻本已不存。而在《列朝诗集》《粤东诗选》和《揭阳四女诗人遗诗辑》中都选有她的诗，共存二十三首。她写的《小园即事》一诗很能反映她的诗的风格：『翠竹青梧手自栽，芙蓉未秀菊花开。小轩睡起日将午，黄叶满庭山雨来。』其中三、四句用拗韵，显得诗的意境愈峭愈逸。难怪《玉镜阳秋》一书赞道：『谢七绝峭侧，得晚唐（诗）佳处。』她擅长写七言绝句，接近晚唐风格，从这首诗也可窥豹一斑。在明清两代广东以至全国才女中，谢五娘算得上是十分优秀的。她于一六一五年去世，享年四十三岁。

袁崇焕

（一五八四—一六三〇年）

明朝天启六年（一六二六年），后金国汗王努尔哈赤（即清太祖）率领十三万大军，挟攻占沈阳、辽阳之威，直逼广宁城下。守卫广宁的明朝大将用弓箭、石块杀敌，对准金兵成堆的地方用西洋大炮轰击。金兵攻城两天，死伤无数，四员大将阵亡，努尔哈赤也负重伤。明朝大将下令出城追击，又歼灭金兵一万余众。半年后，努尔哈赤背患毒疽而死，临死前也忘不了广宁大败。守卫广宁的明将就是袁崇焕。

袁崇焕，字元素，广东东莞人。他从小喜爱习武，熟读兵书；并且胸怀大志，以杀敌保国为己任。一六二一年年底，袁崇焕奉命调入京城，在兵部任职。一六二二年正月，广宁城（今辽宁省北镇）十四万明军弃城逃入山海关，大臣们众说纷纭，却无退敌保土之良策。这时，兵部小武官袁崇焕挺身而出，说：『只要给我兵马、钱粮，我就能担当防御关外的责任！』

大臣们于是喜出望外，奏请明熹宗提升袁崇焕为兵部佥事。他配合出镇山海关的兵部尚书孙承宗，率军驻守宁远（今辽宁兴城），两次进兵共四百里，收复了辽河以西大片土地。当时袁崇焕的父亲去世了，按明朝规矩，官员丧父要卸任守孝三年，袁崇焕为了驻守边关，依旧留任御敌。

一六二六年，努尔哈赤率十三万大军杀到广宁，却被袁崇焕率领的一万余明军击败。努尔哈赤死后，继位的皇太极（清太宗）于一六二七年再次进攻宁远和锦州，都被袁崇焕打得大败而逃。但朝中以宦官魏忠贤为首的集团对袁崇焕等忠臣良将十分忌恨，局势一稳便排斥打击袁崇焕，袁崇焕被迫辞职。直至一六二七年八月，崇祯皇帝即位，除掉了魏忠贤及其余党，才重新起用袁崇焕，并升他为兵部尚书。

一六二九年，皇太极率数十万大军绕过袁崇焕防区，直逼北京城。十一月，袁崇焕率数千骑兵，抢在金兵前头进入北京，崇祯帝让他指挥各路救兵。十一月二十日，袁崇焕亲自督阵，终于击退了金兵。皇太极见打不赢袁崇焕，便施用离间诡计，让部下将官当着俘虏议论，说皇太极与袁崇焕有密约，又故意让偷听到议论的两个太监逃跑掉。

太监回京后向崇祯帝告发，糊涂皇帝竟听信谣言，把袁崇焕关了起来。

袁崇焕的部下闻讯，立即带兵开出了山海关。崇祯帝无奈，只好叫袁崇焕写信劝说。袁崇焕顾全大局，便写信让部下回师卫戍京师。袁军接信后，全军将士大哭，当天进关收复了关内数城。皇太极只好撤返东北。

但局势刚稳定，魏忠贤余党又上书要求杀袁崇焕。昏庸的崇祯帝竟下令用磔刑（分尸），于一六三〇年八月十六日残酷地杀害了袁崇焕。这位抗击后金的名将去世后，明朝也气数将尽，只等倾覆的末日到来。

陈子壮

（一五九六—一六四七年）

一六四七年十一月初六日，广州东郊刑场上，暴跳如雷的清将佟养甲，喝令对明朝老臣陈子壮用锯刑。手忙脚乱的刽子手锯了几次锯不下去，血流满面的陈子壮对他们骂道：『蠢奴，锯人要用夹板呀！』在场的人听到这句话无不惊心动魄……

陈子壮，字集生，号秋涛。广东南海县沙贝村（今广州市白云区金沙洲沙贝村）人。一六一九年，正当他二十四岁时已中进士，授翰林院编修。至明熹宗时期，他因得罪宦官魏忠贤而被削职回乡。其间他在广州重振诗坛，对岭南诗坛的发展有重要贡献，被时人誉为『南园十二子』之一。明崇祯年间他被重新起用，并升至礼部右侍郎，却又因言得祸而被下狱，后来在兵荒马乱之际被释放。崇祯帝死后，福王立于南京，任命陈子壮为礼部尚书。南京陷落后，桂王于一六四四年十一月，在肇庆登基，建立永历朝廷，陈子壮被任命为东阁大学士兼兵部尚书，督福建、江西、湖广、广东四省军务。但因恰好遇上清军入粤，他不能到永历朝廷赴任。当时，另一个明朝老臣、大学士苏观生（东莞人）拥戴唐王另立山头，在广州建立了绍武小朝廷，专与永历朝廷作对。陈子壮曾到广州专与苏观生辩论，苏观生却不听，陈子壮只得退居南海九江村亲戚家。一六四四年十二月，唐王的绍武小朝廷建立仅一个多月便被清军覆灭，广州沦陷。一六四四年四月，陈邦彦在高明起事；陈子壮于当年七月起兵，他的部下多是西江『疍户』，便拟由水路攻广州。

起兵不久，陈子壮挥兵攻广州，却因急于求成，以致城里内线过早暴露而被杀害；陈子壮的部队又被清军援兵击败，他率残兵返回高明。十月底，高明城破，陈子壮被清兵解回广州。佟养甲软硬兼施逼迫他投降，均被陈子壮顶了回去。这位五十二岁的明朝老臣遂于一六四七年十一月被杀害。

陈邦彦

（一六〇三—一六四七年）

一六四七年九月二十八日，广州城里一片肃杀景象，清兵五步一岗、十步一哨，布满在通往刑场的路上。一位长须长发的中年人刚下囚车，就听有人呼唤：『陈邦彦将军，请留字！』中年人接过纸笔，挥笔就写。接着，其他人也纷纷递上纸笔，请陈邦彦留字。他一一写完后，放声高歌：『……书生漫谈兵，时哉不我与……崖山多忠魂，先后照千古！』然后，面向南明永历朝廷所在的西方跪拜，从容就义。

陈邦彦，字会纷，号岩野。广东顺德人。他考上秀才后，曾开馆教书，著名广东诗人屈大均就是他的学生。一六四五年，陈邦彦考上举人，受明朝老臣苏观生的委托，到肇庆跟桂王朱由榔建立的南明永历王朝联系，被封为兵科给事中。他本想回到广州后大干一场，跟清军决一死战。不料中途获悉苏观生大学士改变主意，另立唐王朱聿鐭为帝，建立了绍武朝廷。苏观生还杀害了永历帝的使臣，并公然派兵进攻肇庆永历朝廷。陈邦彦大失所望，只得把永历帝交付的文件和自己写的信派人送给苏观生，他在信中晓以大义，力劝苏观生联合永历帝共同抗清，曾使苏观生为之踌躇，欲议和，听到永明王大败后未果。陈邦彦便改名换姓遁入高明山中隐居。

唐王小朝廷只存在了一个月便被清军倾覆，君臣遇难，广州也被清军占领。一六四七年，陈邦彦在高明组织了一支军队，从水路入珠江，与明朝募兵余龙的二万余人合攻广州。不料清军十分狡猾，扬言要先攻余龙的基地顺德；余龙的军队纪律很差，闻讯后无心攻城，反而纷纷溜回顺德，被清军在顺德歼灭。陈邦彦独力难支，只好撤广州围，率高明兵攻占江门。这时，清军在顺德捉获他的家属，令其爱妾写信给陈邦彦劝降。陈邦彦阅后在信末署下四句话，字字千钧：『妾（可）辱之，子（可）杀之。身为忠臣，义不顾妻子。』接着便悄悄地让两个已当上清军军官的学生，率诈降的花山军把守广州东门，并联合明朝重臣陈子壮进攻广州。

不料陈子壮的一支部队抢攻城西，占领了一座炮台，从而使广州清军发现了抗清部队的意图；接着，陈家仆人贴布告时被捉，向清军泄露了秘密。结果两名准备内应的军官被害，花山军也败露了。陈子壮、陈邦彦无法进城，被返穗援救的清军李成栋部击败。陈邦彦败走清远，被清军攻破城池，陈邦彦在巷战中负伤被捕。清军头目佟养甲派医生为他治伤，又以佳肴款待。陈邦彦绝食五日，最终遇害，当时年仅四十五岁。他与陈子壮、张家玉并称为『广东三忠』。

张家玉

（一六一五—一六四七年）

一六四四年十一月，明朝遗留的湖广、两广旧吏在广东肇庆府拥立桂王朱由榔，建立了永历朝廷。就在这时，一位年仅三十岁的年轻将军走上了历史舞台，他痛恨清军侵入中华，决心反清复明，立下了『舌可断，目可抉，赤心不可移』的誓言，这位年轻将军就是『广东三忠』之一的张家玉。

张家玉，字元子，号芷园。广东东莞人。他自幼喜爱剑术，练就一身好武艺。明崇祯十六年（一六四三年）中进士。他任侠好义，结交了一班草莽英雄，当李自成大军纵横中原时，张家玉也曾与闯王联系。清军入侵后，他毅然投向桂王，被永历朝廷任用为将，命他驻守东莞。一六四四年十二月，清军由明降将佟养甲、李成栋率领攻破广州，明朝唐王的绍武小朝廷刚建立一个多月便覆亡，唐王君臣被害。此时，陈邦彦写信给张家玉，提议粤东发难以牵制清兵，援救在广西被堵截的桂王朝廷。张家玉欣然答允。

张家玉起兵攻破东莞县城，下令抄了一个前明尚书的家产以犒赏三军。不久清军大举进攻东莞，张家玉率军离城。清军打到张家玉的故乡，他的祖母陈氏、母亲黎氏和妹妹不甘受清兵欺辱，投水自尽，他的妻子彭氏被敌俘虏后，坚贞不屈，被敌军杀害。张家一门四烈，深受人们崇敬。

张家玉怀着深仇大恨袭取新安，接着再回东莞，以后又转战龙门、博罗、连平、惠州，然后把部队分为龙、虎、犀、象四营，攻占增城，才有了立足之地。一六四七年十月，清军一万步骑兵攻打增城。张家玉兵分三路驻守，大战十日，弓矢用完，炮筒震裂，部队伤亡惨重。张家玉不愿被俘，与战友揖别后转身投塘，为国尽忠。牺牲时年仅三十三岁，被永明王追封为增城侯太子少保、武英殿大学士，谥『文烈』。

澹归和尚

（一六一四—一六八〇年）

广东有四大名山：罗浮山、西樵山、鼎湖山和丹霞山。其中尤以丹霞山的红岩峰林最为奇特：其红砂岩『色如渥丹，灿若明霞』；周围峰林则被命名为『焰慧』『麒麟』『金盆』『狮子』等。据传，这些峰名还是丹霞山别传寺的开山祖师澹归和尚命名的呢！

澹归，名今释，俗名金堡，字道隐。浙江仁和（今杭州）人。他原非和尚，而是科举场上一帆风顺的才子，年仅二十七岁便中了进士，不久即被明代崇祯皇帝任为州官，到临清当知府。崇祯朝灾荒连年，王公贵胄却生活奢靡，再加上连年用兵镇压农民起义，军费支出庞大，故此朝廷征收的捐税十分繁重。金堡不愿向灾民催捐逼税，因此弃官返乡，不再过问政事。

一六四四年五月，清兵攻进北京。明朝覆亡，只是在江南出现过几个残明小朝廷。金堡激于爱国热忱，重新出山到福州唐王的隆武朝廷任职。唐王败亡后，金堡又到肇庆，加入了一六四六年十一月才建立的桂王朝廷，在其中担任能进言、却无实权的『兵科给事中』职务。金堡事事认真，不避权贵，即使对宰相，他也敢于上书弹劾。这就使满朝文武大臣对金堡都有所畏惧。一些心术不正的人甚至联名诬告金堡，以致金堡入狱，无端遭到毒刑拷打，最后还被贬到贵州充军；这时清兵已打入肇庆，金堡才免于充军。他在桂林住了一段时期，决定剃度为僧，自号性因。桂林被清兵攻陷后，一六五二年金堡来到广州海幢寺，拜天然和尚为师，由师傅收其为第四法嗣，取法号今释，又称澹归。澹归利用僧人身份收容反清义士及义士忠骨，直至一六六二年，南明遗臣李永茂、李充茂兄弟召请他上丹霞山。

广东仁化县的丹霞山原称长老寨山。邓州李永茂（原明朝虔州巡抚，虔州即今江西赣州）兄弟兵败隐居在这座山上，由于此山砂岩丹红，很像河南邓州的丹霞山，李永茂便把长老寨山更名为丹霞山。一六六二年永历朝亡，桂王被杀于昆明。澹归看到反清复明大业已无指望，便应邀到丹霞山创立别传寺，迎天然和尚主持法事，在十多年间，使别传寺成为僧人过千的大丛林。丹霞山也被经营为游览胜地。

一六八〇年，澹归往庐山途中于南雄病逝，享年六十六岁。遗骨收葬于丹霞山主峰海螺峰的骨塔内。

邱辉

（？—一六八三年）

清朝初年，在广东潮阳达濠港建立了台湾郑经（郑成功之子）的地方政权，为首的大将姓邱名辉，他虽然只是普通百姓出身，但他的抗清政权却在清政府的眼皮底下坚持了十一年之久，这不能不说是一个奇迹！

邱辉，广东潮阳马滘人。生年不详。清朝顺治三年（一六四六年），郑成功在南澳率部下九十余人举起『抗清复明』大旗；一六四九年，招讨大将军郑成功进入广东潮州，在达濠等地大败清兵。正是在那时候，邱辉耳濡目染民族英雄郑成功英勇战斗的事迹，从心底由衷地敬佩郑成功，并且在心灵深处播下了『抗清复明』的种子。

一六六一年，郑成功收复台湾。清政府为了防止沿海居民与郑成功联系，于次年悍然实行『海禁』，强迫百姓迁入内地，达濠、马滘一带的居民也在迫迁之列。邱辉于是高举『反迫迁』大旗，领导当地人民起义。一六六九年，他率军乘船出海，再沿练江直上攻打和平、峡山、谷饶等地，沿途破官仓、开粮库，大大震动了清政府。

一六七〇年，邱辉接受郑经的任命，在达濠建立政权，打破清廷的海禁，保护渔民、盐民生产，也为新政权奠定了经济、政治、军事基础。当时吴三桂等『三藩』叛变清廷，清兵无暇东顾。于是，邱辉乘此机会不断扩充土地和兵员。直到一六八〇年，清廷平息了『三藩』之乱，立即调集大军进攻达濠。邱辉率军英勇抗击，在达濠坚持战斗了几个月，重创清军后，才率兵乘船转移到台湾。

一八六一年，郑经去世，他的次子郑克塽袭爵。克塽年幼，朝中大事竟由亲信侍卫冯锡范决策，冯骄横跋扈，大失人心。一六八三年，清朝福建水师提督施琅攻打澎湖、台湾，直逼安平镇（原台湾城）、承天府（原赤嵌城）。郑克塽张皇失措，向清军投降。

邱辉率领部下坚持抗清，在七鲲身与清军大战，最后壮烈牺牲。

屈大均

（一六三〇—一六九六年）

十七世纪末，在广东番禺的闹市中有一位怪诞的老人踽踽独行，他在盛夏的骄阳下身着羊皮袄，似乎一点也没有感到酷日的炎热；不识者对他侧目而视，相识者敬畏地指点着他的背影：『他就是大诗人屈大均！』但谁也不敢接近这位狂怪的老人。

然而，他『狂怪不可近』吗？不！在他的胸膛里跳动着一颗热爱人民、仇恨异族统治者的赤心，听，他在悲愤地吟咏：

白金乃人肉，黄金乃人膏。使君非豺虎，为政何腥臊？

屈大均（初名绍隆，因他幼年曾寄养于南海绍氏），字翁山，广东番禺县茭塘都思贤乡人。屈大均自幼好学，十六岁时便补南海县学生员，并随顺德县举人陈邦彦学习。一六四六年，清兵攻陷广州。屈大均在第二年便参加了抗清义士陈邦彦、陈子壮和张家玉的起义队伍。同年起义失败，陈邦彦等三位义士先后遇害。屈大均对老师的壮烈牺牲深感悲痛，对清军更加深了仇恨。

不久，清将李成栋在广州反正，并迎接南明永历帝朱由榔回到肇庆。屈大均呈上《中兴六大典书》，经大学士王化澄引荐，准备留在宫廷内任职，却恰好父亲病危，屈大均只好匆匆辞别，返回家乡。

一六五〇年，清兵再次攻陷广州。屈大均为了躲避清廷对他的缉捕，只好在番禺县雷峰海云寺削发为僧，这样一直到他三十二岁时，才开始蓄发归儒。此后，他继续奔走反清，曾到东北、东南、西北各地联络有志之士，任侠仗义，密谋起事，但均无结果。

一六七三年『三藩』事件发生后，屈大均又赶到湖南去投奔吴三桂的军队，被委任为广西按察司副使，到桂林督军。至一六七六年，他对三藩军队的腐败失望，终于辞去桂林参军的职务，返回故乡。从此过着半隐居的生活，靠务农、卖文和朋友接济过活。他对广东的文献、方物、掌故进行收罗、编纂，著有《四朝成仁录》及《广东新语》（载广东方物）等。

屈大均是当时极负盛名的诗人，为『岭南三大家』之一。著有《翁山诗外》。他的诗学以盛唐为主，在继承屈原、李白浪漫主义传统的基础上，五言、七言古诗吸取了汉代乐府的手法，律诗、绝诗则师承李、杜。因此凝练警策、夭矫飞腾，是明末清初的重要作家之一。屈大均于一六九六年病逝，享年六十七岁。

陈恭尹

（一六三一—一七〇〇年）

清樽须醉曲栏前，飞阁临秋一浩然。
五岭北来峰在地，九州南尽水浮天。
将开菊蕊黄如酒，欲到松风响似泉。
白首重阳惟有笑，未堪怀古问山川？

这是明末清初诗人陈恭尹题名《九日登镇海楼》的七律（镇海楼即广州越秀山五层楼），其中『五岭北来峰在地，九州南尽水浮天』两句，把岭南地形特色写绝了，其中蕴含的亡国之痛在末句中透露出来，使全诗的境界顿然升华，令人咀嚼不尽。

陈恭尹，字元孝，早年号半峰，晚年号独漉。广东顺德县龙山乡人。自幼聪敏过人，十分端庄大方。他十二岁时母亲去世，使他十分悲伤，从此他发奋攻读，十五岁便补诸生。

一六四六年，清军攻破广州城，倾覆了自立于南粤的南明唐王小朝廷。次年，陈恭尹的父亲陈邦彦起兵抗清；一六四八年，陈邦彦在清远兵败被俘，不屈而死，家属也遭清军杀害，只有陈恭尹一人幸免。同年，清将李成栋反正；陈恭尹到肇庆向南明永历王朝上表，陈诉父亲殉难情况，由于陈邦彦曾获永历朝官职，故此陈恭尹被授予世袭锦衣卫指挥佥事，并获假回乡治丧。一六五〇年冬，清兵再次攻陷广州，陈恭尹逃到西樵山藏了起来，从此跟永历朝失去了联系。

此后十年，他怀着国破家亡的深仇大恨积极反清，想跟郑成功、张煌言等抗清将领联系，却没有联系上，陈恭尹只得返回家乡伺机而动。一六五八年，他再度出粤，准备经云、贵等省到永历朝廷去参加抗清，但由于途中遇上打仗，无法通过，于是他北上鄂、苏，进入河南。但是此时永历王朝已无法抵御清军强大的攻势，一六五九年，永历帝逃入缅甸。陈恭尹闻讯后颓然南返。他看到南明已亡，清朝统治已成定局，从一六六〇年回到家乡后，便以写字赋诗度日。

陈恭尹五十五岁以后定居广州城南，终年七十一岁。他与屈大均、梁佩兰并称『岭南三家』，即清初广东三大诗人。有《独漉堂全集》。陈恭尹又擅书法，其隶书脱胎于《夏承碑》，瘦逸遒劲，为人们所推重。

梁佩兰

（一六二九—一七〇五年）

珠海光如雪，珠娘倚棹歌。
虎门潮水至，为尔道风波。

这是清初广东诗人梁佩兰《送汪寓昭、查德尹归余杭》诗四首中的一首（汪寓昭是杭州人，康熙年间进士；查德尹是黄宗义的弟子）。这首诗虽然并非梁佩兰的代表作，但写来轻盈秀丽，颇有才气，并带有浓郁的岭南色彩，难怪时人王煐在为《岭南三大家诗选》（王隼编选）作序时说，梁的诗是『才人之诗』哩。

梁佩兰，字芝五，号药亭。广东南海人。他生于一六二九年，自幼聪颖好学，一六五七年应乡试，名列第一，当时恰好二十八岁。但当他踌躇满志赴京考试时却名落孙山。他虽然与另外两位著名诗人屈大均和陈恭尹是朋友，但他却没有参加过反清活动，后来他屡试不第，便走上了另一条道路——专力作诗，以后果然声名鹊起，成为当时驰名海内的诗人。

清康熙二十七年（一六八八年）徐乾学主持会试，以通榜法录取了大批当时的名士，梁佩兰也在其中，并被选授翰林院庶吉士，但他任职一年后即告假回乡。他在家乡主持诗坛，名气也更大了；梁佩兰在家十五年，至一七〇三年又被召回翰林院供职，并据说在京师与王士祯、朱彝尊等名家共同主持诗坛，达官贵人都以能得到他的题咏为荣。人们把屈大均、陈恭尹和梁佩兰并称为『岭南三家』，有《六莹堂集》。梁佩兰亦善书法、绘画，是清初岭南书坛的佼佼者。

梁佩兰进京后仅几个月，便因不习满文而被革掉庶吉士的头衔。他于一七〇四年回乡，一七〇五年去世，享年七十七岁。

程可则

（一六二七—一六七六年）

清初，广东有一位诗人名闻全国，被人们誉为『海内八子』之一，他是『岭南三家』之外的又一位著名广东诗人程可则。

程可则，字周量。广东南海人。他生于一六二七年，少年时期已有诗名世，还写得一手好文章，因此，他在考上秀才后入贡京师；在考策论文章时，他一举高中会试第一名。但不料命运叵测，在复查时却被某些考官挑剔，竟然不能参加殿试，于是这唾手可得的进士便落第了，他只好黯然返穗。

程可则的老师就是『广东三忠』之一陈邦彦，而陈邦彦的儿子，『岭南三家』之一陈恭尹则是程可则的挚友。陈邦彦教出来的学生都很出色，屈大均、薛剑公均出于陈邦彦门下。程可则入贡京师及以后进京考试时，许多文坛名士都以与他结交为荣，并为他未获知遇而叹息。

后来，程可则再度入京参加阁试，总算如愿以偿，考得功名，但只被任命为户部主事。

程可则所写的五言诗《汨罗江望三闾大夫庙》十分有名：『自识离骚赋，长怜泽畔吟，山川过雨雪，祠庙失登临。江阔黄沙暗，天寒白日沉，如何非贾谊，流涕亦沾襟。』有人认为他的诗歌成就近于唐代的韦应物、孟浩然。

程可则浮沉宦海二十年，一直郁郁不得志，直至一六七五年左右才『外放』当上了桂林知府，谁知命运如此不济，才上任一个多月就遇上了吴三桂举兵反清。程可则只好弃官而逃，先到桂林东北部，以后又逃到全州，在那儿不久便生病去世，享年五十岁。

罗芳伯

（一七三六—一七九五年）

一七七七年左右，在今印度尼西亚加里曼丹岛上建立了一个坤甸国。而这个国家的开国元首竟是一个中国人！他叫罗芳伯，正是他，率领举国军民赶跑了荷兰殖民者，使坤甸国人民过上了独立、自由、幸福的生活。

罗芳伯，广东人。一七三六年生于一个贫民家庭。他自幼父母双亡，只好给财主放牛来养活自己。他每天放牛都要经过梅县石扇堡武馆，久而久之，他便因好奇而伏在窗台上『偷师』，以至武馆的人用皮鞭抽他的脊梁才如梦初醒。他偷师后，便以牛为对手、以树为目标，苦练起武功来，终于练出了一身过人的武功和夜行本领。然而，由于幼年食不果腹，他直到三十岁仍身高不到五尺，更没有结婚。

罗芳伯多次乡试不中，对仕途失去信心，于是和百多名亲戚朋友漂洋过海，来到盛产金矿和钻石的婆罗洲。上岸后罗芳伯在岸上找到一个石洞，打死了洞中的巨蟒后暂且栖身。过了些日子，他们翻过一座山，来到坤甸河畔，只见红发钩鼻的荷兰人用皮鞭逼迫当地人做苦工。罗芳伯等人打伤了荷兰人的头目，赶跑了荷兰人，便在当地土著的拥戴下建立了坤甸国。罗芳伯担任国家首脑『大唐总长』，并被当地人尊称为坤甸王。当时大约是一七七七年。

罗芳伯执政后，教当地人炼铁打造工具、武器，并大力发展经济作物和商业，还训练当地人练武。不久，毗邻的邦戛番国出了巨蟒，吞食人畜；国王派人向罗芳伯告急，并要求归附坤甸国。据传，罗芳伯显起神威，进入蛇肚杀死巨蟒。坤甸国的疆土便扩展至邦戛番国。

当时，坤甸国克尼亚部族酋长的女儿雷亚·普克玛长得美若天仙，驻巴城（即今雅加达）荷兰总督的卫士队长派人抓去酋长女儿，恰巧罗芳伯到那一带寻找金山，把雷亚·普克玛救了出来。酋长万分感激，便把女儿嫁给了罗芳伯。罗芳伯娶土著姑娘为王后，更巩固了王国的基础。

荷兰总督的卫士队长闻讯，恼恨交加，便带兵偷袭坤甸国。不料罗芳伯早有防备，在正月元宵节那天一举歼灭了进犯的荷兰军队。

罗芳伯在位十九年，驾崩时殡葬的队伍长达数里，举国痛哭。他建立的坤甸国历时长达一百〇八年。至今印尼坤甸市仍有二里多长的『罗芳伯街』；雅加达博物馆中还有罗芳伯帝的坐像及坤甸国的史料。

吴梯

（清代中叶）

清代嘉庆年间，某县有个庄丁忽然失踪，庄丁的母亲猜疑是庄主把他杀了以后又毁尸灭迹，便告到县官那儿。当县官问及庄主为何要杀庄丁时，那女人说，大约是由于她儿子与庄主女儿私通，被庄主发现了，所以一怒之下杀了庄丁。此案在县里闹得沸沸扬扬，看来只有问庄主女儿才能弄清，但那位小姐已经寻死几回，哭成了泪人儿，又怎能对簿公堂？县官于是明察暗访，入庄悬赏千金寻找那庄丁，结果终于在庄内找到庄丁。原来，庄丁因小事得罪了庄主，怕庄主责怪才藏了起来，而庄丁母亲所说的一切其实都是听别人说的谣言。

这位明察秋毫的县官就是吴梯。吴梯是广东顺德人。一八〇一年吴梯考上举人，任方略馆誊录，以后又任山东蒙阴县的知县，这个县人穷地瘦，谁也不愿去。吴梯毅然前往，他首先打击当地巨盗，再革除该县陋规，并鼓励农民种茶致富，不久该县就富庶起来。有一年邻州发生蝗灾，蝗虫唯独不入蒙阴县，百姓都说是吴知县的德政感动了上天。再调潍县，该县多水患，吴梯便致力于浚河修堤，使潍县水患顿止。再调禹城县，该县每年要交六千余石粮食，除了用六百多辆运粮漕车外，又另外加纳『蓟车』粮，民不堪其苦，吴梯下车伊始，即废除『蓟车』的添派；他还平抑粮价，规定粮食一定要按平价出售，百姓都称赞吴知县为民着想。

吴梯的政声日益上升，有人向巡抚提议擢升吴梯；巡抚不信，暗派人到潍县察访，只见潍县百姓一直思念吴梯。于是吴梯被提升为胶州知州，他上任时恰遇荒年，粮价飞涨，他让粮仓在细粮中加上粗粮，以半价出售；但上万石官粮不久就卖完了，粮商们卖粮的价格更贵起来；这时朝廷调来豆饼赈灾，吴梯于是派人到四乡售卖了一百六十万斤豆饼，使粮价又平稳下来。粮商们以高价从外地购得的粮食，只能以平价卖出，大呼上当。吴梯以豆饼售款补贴粮商，使百姓活得下去，粮商也不致蚀本垮台。吴梯后来再擢升为济宁直隶州知州，该州有个大富豪李澍，是该州最富者；上峰想让李澍来弥补盐饷，便让吴梯逼李澍当盐商。吴梯想，这样做必然使李澍倾家荡产，对州政不利，便向上峰陈以利害，使上峰撤销了原来的决定。李澍非常感激吴梯，乘吴梯做寿时送寿礼千金，吴梯不接受；至吴梯离任时，李澍再送千金，吴梯依然不接受。吴梯为官清廉，执政有方，政声极佳，是清朝中叶三名干练粤籍官吏之一。他后来告老回乡，至八十三岁去世。

石氏

（清代中叶，嘉庆年间）

清代嘉庆年间，白莲教教徒在西南、西北、中南诸省掀起如火如荼的反清大起义，清朝统治者慌了手脚，派出大军跟白莲教义军作战，东南沿海的水上武装斗争乘虚而起，不断在沿海各地和海上打击清军。

在珠江口至琼州海峡一带活跃着几支打着红、黄、蓝、白、黑、青六色旗帜的水上武装，其中以『红旗』和『黑旗』最为强大。而强大的『红旗』的首领竟是一位女性——石氏。

石氏原是『红旗』首领郑一的妻子，每当郑一筹划军机时，石氏常会出些出奇制胜的好主意。有时，她还亲临战场，协助郑一指挥作战。因此，『红旗』的士卒都很敬服石氏。后来郑一溺水而死，石氏便挺身率领『红旗』部，继续纵横于海上。『红旗』在新安海面活动，并攻占香港、大屿山等重要海岛做基地，并在香港岛北部建立东西两个营盘，架设大炮打击来犯之敌；他们还在东涌设船厂，修船造船，这里也是『红旗』舰队补给物资和淡水的中转站。

石氏大胆提拔后起之秀，把郑一的养子张保提拔为独当一面的大将。张保献计东联闽浙『海寇』蔡牵，又联合粤海各旗，共同对敌；对内严格管束部下，争取沿海村民的支持。不久，『红旗』便拥有三四万众，五六百艘舰艇，成为威慑南海的强大武装。

一八〇九年二月，清水师提督孙全谋率百余艘新舰追击『海寇』至广州湾，被石氏亲率五路舰艇杀得丢船弃尸，大败而逃。六月，张保率各旗舰队二三百艘直逼清总兵许廷桂舰队抛锚的香山县南桅夹门，杀许廷桂，夺敌舰二十五艘。从此，清兵以『封港』对付『海寇』。

一八〇九年秋，石氏偶逢三艘葡萄牙船，即开炮轰击，结果俘获一艘葡船。十一月，清香山知县彭昭麟勾结葡舰，把正在避风的『红旗』舰队封堵在大屿山赤沥角，石氏和张保率舰队冒死冲出，清军与葡舰竟无可奈何。此后，清朝改『剿』为『抚』，『黑旗』头目郭婆带跟张保内讧，郭投降清兵，被授『把总』官职。以后，闽浙的蔡牵垮了，石氏失去屏障，开始动摇；一八一〇年清广东当局与石氏、张保密谈后，『红旗』舰队于四月在石岐向清兵投降。清兵收编船舰四百余艘，遣散二万余人，其中部分人落户香港太平山下，成为当今香港人的祖辈。张保指引官军，亲手擒杀『蓝旗』头领，迫降『黄旗』，然后携带石氏到福建做官。

林则徐

（一七八五—一八五〇年）

一八三九年四月十二日至五月二十一日，英、美等国商人交出鸦片二百三十多万斤。为了尽快销毁这巨量鸦片，并在销毁后不再留下可供吸食的鸦片烟膏，林则徐在虎门海滩上挖了几个大坑，把鸦片混合石灰放进坑里，然后放入海水。这样，在短短的二十天内便销毁了二百三十多万斤鸦片。

林则徐，字元抚、少穆。福建侯官（今福州）人，一七八五年生。他少年得志，二十六岁便中进士。他进入官场仅二十年，便于四十六岁那年擢升为东河河道总督。一八三二年任江苏巡抚，一八三七年便升为封疆大吏湖广总督。他在任职期间，除注意革除弊政、兴修水利、赈济灾荒等工作以外，还特别注意英、美等国向我国输入鸦片的危害。

林则徐在江苏便推行禁烟。在武汉时，他又设立了禁烟局，使许多已有三十年烟龄的『老烟鬼』也戒了烟。一八三八年十二月，林则徐被任命为钦差大臣，到广州禁烟。

林则徐在广州明察暗访，掌握了外国鸦片商人勾结地方官吏、豪强销售鸦片的情况，然后采取严厉措施收缴鸦片，惩办烟贩、贪官、豪强。他派兵包围洋馆，截住义律和抗缴鸦片的英商；接着，断绝商馆与澳门的往来交通，下令暂停中英贸易，迫使英、美商人交出了所有的鸦片，并于六月三日至二十二日集中焚毁。

一八三九年十月，英国内阁决定发动侵华战争。一八四〇年六月，英舰封锁珠江口，第一次鸦片战争开始。两广总督林则徐指挥军民抗击；英军失利，便沿海北上。七月，英军在厦门遭闽浙总督邓廷桢痛击。此后，英军攻陷浙江定海，侵入白河口，直逼天津。清廷中的投降派乘机攻击林则徐禁烟惹起了『边衅』。道光皇帝动摇了，派琦善议和，并答应惩办林则徐。

林则徐于一八四二年七月被流放新疆伊犁。他在新疆兴办水利、开垦农田，并建议改屯兵为操防，以防沙俄侵略。

一八四五年，林则徐被重新起用，先任陕甘总督，第二年任陕西巡抚，一八四七年任云贵总督。一八五〇年，林则徐被任命为钦差大臣，赴广西途中在广东普宁病逝。

关天培

（一七八一—一八四一年）

一八四一年二月二十六日，虎门靖远炮台的战火已经熄灭，老将关天培亲手杀死几个英国兵后壮烈牺牲，但他并没有倒下去，仍然怒睁双眼瞪着占据炮台的敌人。侵略军为之胆丧。

关天培，字仲因，号滋圃。江苏山阳（今淮安）人。他是行伍出身、累功擢升的将军，但他却很注意习文，所上的奏章公文都由他自己删改定稿。一八二七年，他已在江苏任苏松镇总兵。一八三二年，林则徐任江苏巡抚，关天培按林则徐的命令，把英国间谍胡夏米（英国东印度公司商馆职员）所乘的英国间谍商船『阿美士德』号驱逐出江苏水域。一八三三年关天培被提升为江南提督。

一八三四年，由于广东水师被鸦片腐蚀，已无战斗力，道光皇帝特别提升关天培为广东水师提督。关天培让妻子送母亲回乡，自己却只带三名家丁到广州上任。在短短的几个月里，便把广东水师训练成一支英勇善战的队伍。在他的要求下，朝廷还拨款增修了虎门炮台，装备了新炮。

一八三九年三月，钦差大臣林则徐来到广州。关天培日夜收缴鸦片，并和林则徐一道想出了一个绝妙的办法——用石灰加海水来销毁二百余万斤鸦片。十一月三日，英国驻华商务监督义律下令英船开炮袭击中国水师，关天培挺立在甲板上亲自指挥战斗，被桅木击伤也不下舱，直至击退敌人。以后，英军六次进攻九龙尖沙咀以北官涌山炮台，均被水师击退。

一八四〇年十一月，清廷派琦善到广州，他裁撤军队、遣散数千水勇和武装船艇。一八四一年一月七日，英军突然袭击虎门的沙角、大角等炮台，副将陈连升牺牲，炮台陷落。二月二十五日，英军攻陷虎门横档炮台，守将达里保战死；二十六日，靖远炮台在重创敌舰三艘以后被敌攻陷，老将关天培战斗至最后一息，壮烈牺牲，终年六十一岁。

梁廷枏

（一七九六—一八六一年）

一八三九年三月，钦差大臣林则徐来到广州，广东文武官员都紧张地等待着，看钦差首先召见哪位官员。不料钦差却离开了官邸，直奔越华书院，他显然是去找那个穷书生、书院的监院梁廷枏去了。

梁廷枏，字章冉，号藤花主人。广东顺德人。他出生于一个士大夫家庭，父亲、叔父都是当地名士，家中藏有许多图书。他自幼好学，读尽家中藏书，下笔有奇气；他少年时丧父，家里的生活顿时贫穷下来，全凭母亲抚养长大。梁廷枏在科举上也不得意，考了二十多年，直至一八三四年，他三十九岁时才中了个副榜贡生，为了维持家计，他只好受命当上了澄海县训导，以后才调到越华书院当监院。西方势力的入侵，使梁廷枏开始注意搜集、研究西方国家的政治和历史、地理情况。一八三六年，粤海关监督豫坤聘他总修《粤海关志》和主持广东海防书局总纂《广东海防汇览》，经过三年的努力，他编成《粤海关志》三十卷，提供了历年中外贸易的珍贵资料。

林则徐赴粤前，已慕名派人请梁廷枏提供有关海防的资料，梁即托人呈献给林则徐；林则徐来粤后，特地到梁廷枏处请教筹防战守大计，两人交谈甚欢。此后，越华书院竟成了林则徐的『行辕』，在禁烟、焚烟、抗击英军的斗争中，梁廷枏向林则徐提出了许多宝贵的建议。林则徐被遣戍新疆后，梁廷枏又被两广总督祁贡任为幕僚，帮忙筹办团练。

鸦片战争后，梁廷枏仍积极参加三元里和广东人民的抗英斗争；同时撰写著作，他的著述达三十八种二百八十八卷之多。

一八五一年，清政府授予梁廷枏内阁中书，加侍读衔，他以一介寒儒而获此荣衔，这在当时是十分不容易的。一八六一年梁廷枏去世，享年六十六岁。

POLAND
CZECHOSLOVAKIA
PARIS
LONDON

何玉成

（清末）

一八四一年六月上旬，英军头目义律不甘心五月三十日在牛栏岗的大败，公然贴出『告示』威胁三元里平英团和广东人民。这时一位爱国绅士挺身而出，以『三元里西村南岸九十余乡』人民的名义，针锋相对地贴出『说帖』，驳斥义律的谬论，『务使鬼子无只身存留，鬼船无片帆回国』。义律看到『说帖』非常害怕，再也不敢向三元里平英团挑衅了。

这位写『说帖』骂英军的爱国绅士叫何玉成。他原名何琳，号琢石。广东番禺县慕德里司萧岗乡（今广州市白云区）人。他幼年家贫，但矢志攻读。一八一八年中秀才后，在乡间以教书为生；一八三一年中举人。鸦片战争爆发后，何玉成在本乡怀清社学办团练。

一八四一年五月二十四、二十五日，英军在泥城登陆，攻陷广州北郊的四方炮台。萧岗乡恰在四方炮台和三元里北面，何玉成预见到英军必会到四乡掳掠，曾经召集会议要求本司的社学联合，武装保卫家乡；但由于各乡绅士畏缩怕事，以致何玉成的倡议未能实现。

五月三十日，三元里人民揭起抗英大旗，何玉成立即柬传附近九十余乡和对岸三山村等，选派壮丁赴战；于是数万乡民各持刀锄集中牛栏岗，乘着暴雨杀得英军狼狈龟缩在一起。战斗延续到五月三十一日下午，正当英军将被全歼的时候，清廷靖逆将军奕山竟派广州知府余保纯阻拦乡民杀敌，限令何玉成立即收兵，以致残余英军在清兵保护下撤走。事后奕山大事报功，并奏请清廷奖给何玉成六品军功，另赠予奖匾。

何玉成在三元里抗争中写了不少饱蘸爱国激情的诗篇，他还继续操练社学武装，协助江村、石井等地建立社学武装。一八四二年十二月七日，广州百姓夜焚英商馆；两广总督祁贡调集社学武装二千人捍卫省城，以防止英军突袭。何玉成即率一千乡团兵丁进城，驻扎在小北较场。

一八四四年，何玉成赴京会试，大挑一等，任四川射洪县知县，至咸丰年间共任职十来年，后休官回乡，被乡亲们推举主持保良局。他还继续关心社学，至一八六三年把怀清社学改为佛岭社学。何玉成和他办的社学，在组织乡民抗击侵略中起了重大作用。

颜浩长

（约一八一〇—约一九〇〇年）

在广州北郊三元里一带，至今仍流传着一句俗话：『定拳长杀番鬼，食完一口烟都不迟。』这句话说起来历史还很长哩——几乎是从一百五十年前流传下来的，并且涉及当时一位三元里平英团的英雄『定拳长』——颜浩长。

颜浩长，又名永祥，绰号定拳长。广东番禺县唐夏（棠下）人。他家很穷，依靠种田为生。他长得身高臂粗，双目炯炯有神，平日喜好练武。

一八四一年五月二十九日晨，十几个占据广州北郊四方炮台的英国侵略兵，闯到三元里村东华里，企图强奸韦绍光的妻子李喜，被韦绍光（约一八一〇—一九〇一年）和村民打死了几个。事后，韦绍光为防止英军报复，在三元古庙聚集村民，并串联三元里一百〇三乡民众，于五月三十日在牛栏岗集合，以庙中七星旗为令旗指挥围歼进犯的英军。颜浩长奋勇冲锋，在牛栏岗附近的杂葬岭杀死英军少校军需官毕霞。当时正下暴雨，英军枪支火药淋湿无法开枪，又不熟道路，被打得抱头鼠窜、尸横遍野。

颜浩长生性耿直，不愿与官府交往，他说：『生不到衙门，死不到地狱。』立了功也不肯去报功领赏，仍在村中种田度日。而手持毕霞首级去报官的人反而被授予『千总』官衔。

韦绍光在三元里抗争侵略者后也没有受赏，仍在村中种田和看山管墓，直到去世。

颜浩长于一八五四年参加李文茂『红巾军』反清，『红巾军』撤离后，他被官军进村追捕，他推倒后窗走脱，过了三年多才回村。享年八十余岁去世。

洪秀全

（一八一四—一八六四年）

龙潜海角恐惊天，暂且偷闲跃在渊；等待风云齐聚会，飞腾六合定乾坤。

一八四三年，一位赴广州参加院试落第的中年人，在一艘小篷船上慷慨吟诗。这位刚过而立之年却已立志『飞腾六合定乾坤』的读书人，就是八年后震撼清廷的洪秀全。

洪秀全，小名火秀，原名仁坤。广东广州府花县（今广州市花都区）官禄埗人，他出身于中农家庭，父亲洪镜扬是个勤劳朴实的种田人。洪秀全七岁入塾读书，十六岁因家贫失学，回家耕田；十八岁被聘为本村的塾师。他于一八二八年（当时十五岁）开始去广州考秀才，但经过四次（另三次是一八三六年、一八三七年、一八四三年）投考均落第，这使洪秀全对科举考试和清朝统治者产生了怀疑和不满。他回家后，便把第二次赴穗时在街头领到的《劝世良言》找出来读。这是第一位华人牧师梁发编写的宣传基督教教义的小册子。洪秀全仔细研读后，于当年（一八四三年）创立了拜上帝会，自称是上帝的第二子、耶稣之弟下凡，并打碎了教馆中的孔子牌位，由此而失去教职。

一八四四年九月，洪秀全与同学冯云山周游两广传教；十月，洪秀全返花县，杨秀清、萧朝贵、韦昌辉、石达开等二千余人入教。洪秀全于一八四七年提出了击灭『阎罗妖』——清朝统治者的战斗目标。

一八五〇年七月，洪秀全发布总动员令，号召各地会众到广西金田村『团营』（编制营伍）。一八五一年一月十一日，洪秀全在三十七岁生日时建立太平天国。攻入武宣东乡后，洪秀全登基称天王，封杨秀清为左辅正军师，并封五军主将。九月太平军攻占永安，洪秀全又分封诸王。

一八五三年四月，太平天国派林凤祥、李开芳等率两万余太平军北伐，不幸失败。同年五月，又派胡以晃、赖汉英等率千余战船溯江西征，大败清军和湘军，控制汉口、九江、安庆。太平军又攻破清军的江北、江南两大营，确保天京安全。太平天国进入鼎盛时期。

但由于洪秀全深居天王府，杨秀清竟诈称天父下凡附体，杖责洪秀全。一八五六年八月，杨秀清更逼天王亲自到东王府封他为『万岁』。洪秀全密诏韦昌辉回京『勤王』。九月一日夜，韦昌辉率三千人赶回天京，杀死杨秀清及其亲属、部下两万余人。十月，石达开回京，责备韦昌辉滥杀无辜。韦昌辉又想杀石达开，石达开连夜逃回安庆。韦昌辉围攻天王府。洪秀全下令杀死韦昌辉，封石达开『提理政务』，但天王又疑忌石达开。一八五七年六月，石达开率十余万精锐离京，太平天国从此走下坡路。清军和外国侵略者乘机联合攻击太平军，天京破围。一八六四年六月一日，洪秀全在天京病逝。

王

冯云山

（约一八一五—一八五二年）

一八五一年一月十一日，太平军在金田村起义后，所向披靡，同年九月二十五日攻陷广西重镇永安，建立了太平天国；十二月十七日，洪秀全在永安封王，功劳卓著、贡献仅次于洪秀全的冯云山，却自抑爵号，让天王把他排在杨秀清（东王）、萧朝贵（西王）之后，仅封南王七千岁。

冯云山，广东花县禾落地村人。他是洪秀全的表亲和同学，关系非常密切。他自幼诵读经史，聪颖好学，却屡试不第。一八四三年洪秀全创立拜上帝会，冯云山首批入会。一八四四年二月，洪、冯二人以贩卖笔砚充路费，在广东十多个县传教，但收效甚微。五月，两人又到广西贵县传教，成效也不大。冯云山于是单独留下，深入桂平紫荆山艰苦地区，一度做苦工来维持生活；后被荐为塾师，他一面教书一面传道，至一八四七年已发展至二千余信徒。

一八四七年八月，洪秀全带着新著《原道醒世训》等到紫荆山，并领导信徒捣毁象州甘王庙及当地所有的神坛、神庙。次年正月，冯云山因此被捕。地方豪绅趁机造谣，拜上帝会一时混乱动摇；幸杨秀清、萧朝贵假托天父、天兄附体显灵才安定了人心。一八四八年，冯云山被遣回原籍，他说服两名解差，秘密返回紫荆山，继续动员群众入教，然后返广东与洪秀全共商反清大计。一八四九年七月，两人重返广西；当时广西灾荒严重，饥民遍野，他们便毅然决定，于一八五〇年七月号召会众到金田『团营』。冯云山仿《周礼》兵法，编制《太平军目》，把太平军组织起来。金田起义后，冯云山被封为前道副军师、领后军主将。他亲临前线指挥，善于用兵，于一八五一年九月攻克永安，受封南王；一八五二年四月，太平军在清军重重包围下冲出永安，北上攻打桂林；然后攻打全州，鏖战中冯云山不幸中炮负伤，六月三日攻克全州；不久，在行军至蓑衣渡时伤重去世，终年仅三十余岁。

天父天兄太平天国南王馮雲山
馮
馮

洪仁玕

（一八二二—一八六四年）

一八五四年，在香港出版了一本奇书《洪秀全之异梦及广西乱事之始原》，作者是瑞典籍基督教教士韩山文。这是太平天国早期革命活动的最真确可靠的史料，也是西方人士撰写的第一本有关太平天国的书籍。但其实，这本书的幕后作者是洪秀全的族弟洪仁玕；他在一八五二年到香港向韩山文学习基督教教义，并写了一份《洪秀全来历》交给韩山文，这位瑞典教士正是根据洪仁玕所写、所述的情况，重写出那本奇书的。

洪仁玕，字谦益，号吉甫，广东花县（今广州市花都区）人。他八岁入塾读书，宗师便是洪秀全。一八四三年夏，洪秀全创立拜上帝会，所收的最早两名信徒便是洪仁玕和冯云山（洪秀全的表弟）。

洪仁玕二十一岁设馆授徒，他也像洪秀全一样除去塾中孔子牌位，学童家长因而不让子弟去上学。洪仁玕于是被兄长殴打，逐出家门，并失去教席。他只得远走清远县教书，并在那儿发展了五十六名『拜上帝会』教徒。此间，洪仁玕五次去考秀才，均落第。

一八五一年至一八五四年间，洪仁玕多次想追随洪秀全，但都无法进入天京（南京），后来只好在香港当上了伦敦布道会的布道师。

一八五八年秋，洪仁玕再度经广州、江西北上到湖北黄梅县，并于一八五九年三月到达天京。当时太平天国经过韦昌辉叛乱，东王杨秀清、燕王秦日纲死于内讧，翼王石达开率军离京，领导力量大受削弱。洪秀全见洪仁玕到来非常高兴，即封他为干王，总理朝纲。

一八六〇年，清军张家祥围困天京。洪仁玕派兵攻破清军江南大营，占领苏州、常州，以『围魏救赵』之计解了天京之危，并建议进军东南、江西及溯长江而上，以巩固天京地位。洪秀全按他的建议东进西伐，均获大捷。

一八六一年，洪仁玕亲赴前线指挥援救安庆，但各军协调不好，战事失利。不久安庆失陷。一八六二年、一八六三年，太平天国军事接连失利，一八六三年年底，天京被围，各地太平军又大多不听指挥，故无法组织有效的反击。一八六四年春，清军勾结外国侵略者攻陷杭州、常州，洪仁玕率军退守湖州。六月一日天王患病去世。七月十九日天京陷落，洪秀全的儿子幼天王突围，洪仁玕迎他入安徽，再到湖州。一个月后，出湖州拟会合石达开、陈玉成的部队，在江西石城被清军夜袭，全军惊散，洪仁玕被俘，一八六四年十一月二十三日就义于南昌。

刘丽川

（一八二〇—一八五五年）

在上海闹市区城隍庙之畔，有一处江南名苑——豫园，园中有个典雅庄丽的厅堂，周围花红树绿，石秀峰奇；而正是这幽雅的去处，一百多年前曾是轰轰烈烈的上海小刀会起事的大本营。这次发生在上海的起义，领导人却是一位道地的广东人，他的名字叫刘丽川。

刘丽川，广东香山（今中山）人。他出身于一个农民家庭，十多岁时离开故乡，辗转到了香港。在这中西交汇之地，他不仅很快就学会了在当地几乎是高等华人象征的英语，更重要的是，他还于一八四五年加入了反清复明的秘密组织——天地会，这对于刘丽川以后的生活道路起了极大的影响。

一八四九年，刘丽川北上到上海。由于他说得一口流利的英语，因此被聘为商场经纪人和洋行翻译。他平时喜欢研究医学，还常为别人医病，尤其是伤科更为精通。于是刘丽川弃商从医，他对穷人赠医赠药，对求援者尽力帮助，因此深受广东同乡、上海市民和天地会会众的爱戴。

一八五三年，太平天国建都天京。上海一带的会党聚集在一起商议，决定起义响应。他们把各会党统一为『小刀会』，推举刘丽川为总首领。他又把青浦天地会首领周立春、周秀英兄妹和嘉定罗汉党徐耀等人率领的部队统一在小刀会的旗帜下，于当年九月七日早晨，利用官绅祭祀孔丘的机会，发动武装起义。很快小刀会完全占领了上海县城并建立了『大明』国，刘丽川任统理政教招讨大元帅，他还派人分水陆两路奏报天王洪秀全，但都没能到达天京。以后，刘丽川停用『大明』国号，改称『大明太平天国』。

清军在英、法、美等国侵略军的支持下，向小刀会进攻；外国侵略者进入上海劫走了吴健彰。小刀会于是退出四郊各县，困守上海。一八五五年一月，法军与清军联合攻城，刘丽川亲自登城率军奋战，血战四小时，法军死伤几十人，清军死伤二千余人，小刀会战士杀出城外，大捷而归。

可惜上海孤城内早已绝粮，小刀会起义据城一年半，只好弃城突围。义军在虹桥被围，刘丽川于一八五五年二月壮烈牺牲，时年仅三十五岁。所余义军突出重围加入了太平军。

陈开

（一八二二—一八六一年）

一八五四年七月，素有『陶乡』之称的佛山爆竹烟花连天震响，祖祖辈辈只能用泥巴捏出帝王将相的陶工们，都兴奋无比地到佛山争看泥腿子出身的『平镇王』陈开。只见满街满巷都是头戴红巾的红巾军，却不知道平镇王到底在哪里。其实，平镇王正在陶工们身边，笑眯眯地跟战士们谈家常哩……

陈开，广东南海佛山人。从小家贫，小小年纪就要给财主去当雇工。艰苦的生活锻炼了陈开，使他豪爽仗义、喜好结识江湖豪侠之士，他加入天地会后，很快就被推举为首领。一八五四年六月，东江天地会在广东首举义旗反清；陈开于七月五日在佛山石湾大帽岗起义响应，接着攻占佛山，义军一下子扩展到十万之众，建立了『大宁』朝，号称『平镇王』。

七月中旬，当李文茂进攻广州时，陈开也率军向广州打去，但被清军阻击，平镇王只好于九月退守佛山。一八五五年一月，清军攻佛山，陈开战败西退，然后与李文茂及肇庆义军会师攻入广西，九月攻克浔州（今桂平），改称秀京，并建立『大成国』，恢复明朝装束及铸造『洪德通宝』钱币。第二年五月，清军水师进攻陈开，陈开用木筏装巨石趁着大水击沉清兵船舰，大获全胜。于是陈开占据浔州自称『镇南王』（后改称平浔王），并于一八五七年九月攻占梧州。次年三月，陈开北上接应李文茂，被清军所阻，他又退守梧州；十一月，李文茂去世，余部归属陈开。陈开兵势大振，接连攻克柳州、柳城、融县。一八六〇年春，清兵精锐湘军入桂，从陈开手中夺去柳州等三城。陈开率军反攻柳州，苦战两个月兵败。从此陈开屡遭挫折，于一八六一年八月跟湘军水师两次水战都战败，陈开的水师被击溃。湘军于是乘胜攻至陈开的大本营浔州城下。陈开率军投奔太平军石达开，不料石达开已经离开原驻地贵县，而到了思恩。陈开的部队在大滩被湘军打败，陈开不幸被俘，不屈而牺牲，终年四十岁。

李文茂

（？—一八五八年）

清朝咸丰年间，朝廷昏聩，对外屈膝，割地赔银；对内加紧搜刮民脂民膏，镇压农民起义，使穷苦百姓难以谋生。

一八五四年夏季，广州郊区江村忽然红船麇集，小小的村镇一时来了无数『大老倌』，人们都在一边猜疑：『难道晚上要演《六国大封相》？封相也无须那么多老倌呀！难道几条村要「斗戏」？这年头自己也没吃的，哪来那么多闲钱请老倌哟？』然而，『好戏』确实开台了，老倌们顶盔披甲却并非演戏，而是向乡亲们宣布：红船子弟要在李文茂率领下举行反清起义了！

李文茂，广东鹤山人。他自幼投身红船学艺，练就一身好武艺；他还广交朋友，急人之难，在粤剧演员中很有威信。他富有正义感，很早就加入了天地会，并被推举为首领。

李文茂起义后，挥军与另一位义军首领陈显良的部队在佛冈会师，十余万大军便以佛冈为大本营，图谋发展。七月二十日，李文茂率兵围攻广州，同时攻打周围各县，很快便使广州成为孤城。但由于清军与英、美侵略者互相勾结，固守孤城；陈开大军又被阻，不能参加会攻。因此李文茂久攻广州不克，至九月，麾下两支人马由于缺乏粮草而引起内部矛盾。这样，李文茂便于一八五五年二月从广州撤围，大军往西与佛山陈开、肇庆梁培友的起义部队会师，一同攻往广西。

李文茂的部队以粤剧艺人为骨干，他们身怀武艺、略有文化，因此部队的作战力较强。入桂后，六月围攻浔州，九月攻克，定为『秀京』，建大成国，陈开南面而王。他命令所辖居民改穿汉服，蓄起头发，并分兵攻打各州县。一八五六年十月，李文茂称平靖王，并于次年三月攻克柳州，改称为龙城，铸『平靖通宝』钱币，设百官，并向所辖州县派遣官吏，正式建立了农民起义军政权。一八五八年三月，李文茂攻打桂林不克，负伤返回柳州。同年六月，湘军攻陷柳州。李文茂率部撤往贵州，攻占黎平，打算与苗族起义军会合，但被清军在途中打败。李文茂于十一月率部返回广西柳城一带，不久便在广西怀远山中去世。余下的部队遵照李文茂遗嘱归属到陈开的部队中去，继续坚持反清大业。

红
红船

邹伯奇

（一八一九—一八六九年）

照相机是谁发明的？许多人会说是法国人达盖尔于一八三九年发明的。然而大家可能不知道，在那五年以后的一八四四年，广东人邹伯奇独立发明了中国第一台照相机。他当时受透镜取火的启发，制成了『取景器』，然后加上快门和底板，制成了中国自己的照相机，他自拍的一张照片底片，至今仍珍藏在广州镇海楼的博物馆内。

邹伯奇，字一鹗，又字特夫，广东南海人。他自幼聪慧，是当地的一位诸生。但他不愿把时间浪费在科举考试和作八股文方面，而迷上了数学、物理、天文、地理和仪器制造等实学。他发明的『日夜晷』（白天利用阳光投影、晚上利用星宿位置来计时的仪器）、『七政仪』（太阳系星球表演仪）至今仍藏在博物馆内。此外，他还制作了『天球仪』（即天体仪）；他擅绘地图，研究出用曲线表示经纬线的画法，并运用摄影来绘制地图，为古老的中国打开了技术之门，成为中国现代地图绘制的科学先驱。曾改绘当时最权威的全国地图《皇兴全图》，测量绘制成《南海县地图》。

一八六四年，广东巡抚郭嵩焘举荐邹伯奇到同文馆，清廷命地方官送他到京任职，却被邹伯奇借口有病，坚决推辞了。与此同时，江南制造总局设立学校，想请邹伯奇去教数学，曾国藩为此特让广东督学刘熙载征调邹伯奇，也被他拒绝了。

邹伯奇一生安于清贫，在家奉养母亲，平时则以研究科学为乐，直至一八六九年去世，享年五十岁。著有光学著作《格术补》，是公认的清末中国科技代表作之一。最有影响的是短文《摄影之器记》，是中国通用『摄影』一词的开创之作。

朱次琦

（一八〇七—一八八一年）

一八五二年，山西省襄陵一位姓薛的县令对新知县说，该县有个大盗作恶多端。薛县令把他抓了起来，但不久，这个大盗竟越狱逃跑了。薛县令嘱咐新知县立即逮住他，新知县听了后口中称是，却一连三天称病，不到县衙门办理交接。大盗闻讯十分得意，竟和他的党羽公然到酒楼上饮宴。酒席刚开不久，士兵突然包围了酒楼，群盗被一网打尽——原来，新知县称病三天是个计谋，他早已派人暗中掌握了大盗的动向，因此用兵如神。这位新知县就是朱次琦。

朱次琦，字稚圭、子襄，世称九江先生。广东南海九江镇人。一八〇七年生于乡绅家庭，两岁就由母亲教念唐诗，青少年时代嗜书如命。十八岁入省城羊城书院，随书法家谢里甫学书法；二十一岁考取秀才，三十三岁中举人，四十一岁考取进士，被任用为知县，派往山西省。

一八五二年六月，朱次琦奉派襄陵知县，他在短短的一百九十天任内，除了智擒大盗外，还改革了县官办案制度：无论何人何时均可击鼓告状，没有状纸，口说也行；他还组织打狼队，击毙恶狼百余头，消除了狼灾；此外，他兴修水利，使十万亩水田获得灌溉。他为官清廉，深受百姓爱戴，离任第二年，襄陵人专门为他修筑生祠——朱使君祠。

一八五五年，朱次琦辞官南归，收徒讲学。简朝亮、康有为、梁耀枢都是他的学生。一八七六年至一八七八年，年仅十九岁的康有为曾拜朱次琦为师，在朱次琦的指点下，康有为对九千年中国学术文化史的脉络初步融释，并试图重新审视各家学说。然而暮年的朱次琦由于长期隐居，与外面的世界比较隔阂，他深厚的传统学养渐渐满足不了这个年轻而才高志远的弟子，后康便离开了朱次琦的礼山草堂，但康有为始终爱戴和尊敬朱次琦。朱次琦对经学、掌故学、谱牒学深有研究，重气节，主张济人经世，曾著有许多著作。但在一八八一年十月生病时，他把自己的著作全部烧光了。至于他为什么自焚书稿，至今仍是个谜。尽管如此，朱次琦仍被公认为清朝咸丰、同治年间岭南的大学者。

一八八一年七月，朝廷赐他五品卿衔。同年十二月去世，享年七十五岁。

禮山草堂

陈澧

（一八一〇—一八八二年）

十九世纪中末叶，广东出了一位博学多艺的学者，他著书一百一十六种，涉及学科有经学、历史、文学、音韵学、文字学、声律、音乐、地理学、数学、书法、诗词等十一门，连当时的思想家、史学家魏源，也曾向他请教。

陈澧，字兰甫，亦作兰浦。因其读书处叫『东塾』，故世称『东塾先生』，他和他的学生们被称为『东塾学派』。陈澧祖籍浙江绍兴，六世祖寄籍江苏上元（属江宁府），他的祖父南迁广东；由于未入广东籍，故此不准他的父亲参加科举考试，只能捐纳知县。至陈澧这一代才落籍广东番禺县。

陈澧七岁入塾读书，十四岁开始应考，至十七岁中秀才，二十三岁中举人。但自此以后，他七次进京应试至四十二岁都名落孙山。他于是决定不再应试，而选择了读书著述、教育人才的道路。一八四〇年，陈澧在广州学海堂担任学长；一八四九年，陈澧被选授广东河源县学训道，两个月后告病辞官，重返越秀山上的学海堂。一八五九年，他被选为知县，但他没有赴任，而请得了京官国子监录衔。一八六七年，广东官运使方濬颐创设『菊坡精舍』（这所学府不设科举必修的八股文，而设经史文学，故称『精舍』，以别于『书院』），请五十八岁的陈澧担任主持精舍的『山长』和『学长』。一八八一年，广东总督张树声和巡抚裕宽，为陈澧请得五品卿衔。一八八二年，陈澧病逝。他一生著述丰富，以教育事业为乐事，培养出了不少有真才实学的人才；他虽在广州讲学，但他的东塾学派的影响却遍及全国。陈澧是中国近代早期的思想家、经学家和科学家。

丁日昌

（一八二三—一八八二年）

在清代洋务派大员中，有一位广东籍官员，曾国藩、李鸿章所办洋务，几乎悉经其手，此人便是丁日昌。

丁日昌，字禹生，又作雨生。广东丰顺人。贡生出身。一八五九年任江西省万安县知县。当时，湘军首领曾国藩受命办理浙江军务，在江西建昌（今南城）驻兵。曾国藩看到丁日昌办事干练，便把这个小知县收为自己的幕僚。

一八六三年，李鸿章被任命兼署五口通商大臣，他立即把已调广东的丁日昌调到上海任海关道。丁日昌知道李鸿章有意建立军火厂制造洋枪洋炮，便介绍中国第一个毕业于美国耶鲁大学的留学生、广东人容闳到美国去选购机器，参与筹建『江南制造局』。一八六五年，丁日昌受命收购上海虹口一家美商机器铁厂，并把原来所办的上海、苏州的炮局移并到上海，再奏准归并容闳由美国所采办的机器，建立了上海江南制造总局。同年，丁日昌被任命为苏松太道，兼任江南制造局首任总办。丁日昌聘请外国技师，招募熟练的中外机器工人，江南制造局于是开始生产洋枪洋炮（以后还能生产兵轮）。丁日昌办理江南制造局有功，很快又升任两淮盐运使，并协助曾国藩、李鸿章办理洋务。

一八六七年，丁日昌调任江苏布政使；次年升任江苏巡抚，并继沈葆桢主持福州船政局。当时，容闳向丁日昌建议：组织中国合资汽船公司；选派幼童赴美留学；开矿产、修铁路；禁止教会干涉民间诉讼。丁日昌很赞同，并即写条陈上奏。当时，容闳仅为江苏巡抚衙门候补同知衔的译员，丁日昌能采纳容的意见上陈，可见丁日昌还是较有见地的。但由于奏折上陈后受阻于经管大臣离任，故此未获结果。

一八七〇年，清廷派曾国藩、丁日昌等四大臣调停天津教案，容闳以译员身份随行；丁、容二人再向曾国藩提出派幼童赴美留学之事，获曾国藩同意，于是，我国一百一十二名青少年（其中包括以后闻名中外的詹天佑、伍廷芳、唐绍仪、梁敦彦等人）才获得了赴美留学的机会。

一八八〇年，丁日昌被授任会办南洋海防，节度水师。以后再升任兼理各国事务大臣，成为洋务派中一名重要大员。

丁日昌于六十岁（一八八二年）去世，遗作有《抚吴公牍》。丁日昌身处一个动乱和变革的时代，在这个时代，他的许多主张是具有开拓性的，他的努力也取得了一定的成就。他的一生所考虑的主要问题是如何强兵御侮，他为此做出了不懈的努力，对中国国防近代化做出了不可磨灭的贡献。

容闳

（一八二八—一九一二年）

容闳，号纯甫，广东香山县南屏（今珠海市）人。一八二八年生于贫民家庭，七岁入澳门英国教士古特拉富夫人开设的西塾，九岁入马礼逊学校读书，一八四二年随校迁往香港。一八四六年，容闳随离任返国的校长勃朗赴美，成为我国最早的留学生之一（该批随勃朗赴美的中国留学生共三人）。

容闳在美国马萨诸塞州孟松学校读了两年，再由佐治亚州妇女会资助，于一八五〇年考入著名的耶鲁大学攻读，一八五四年毕业获文学士学位。一八五五年五月，容闳学成回国，辗转到上海海关供职；尽管待遇优厚，但他看到海关已沦为外人掠夺中国财富的工具，便愤而辞职，进入上海商界为各大公司服务；一八六〇年至一八六三年，容闳在九江设立了自己的茶行，收益颇丰；但他无意羁留商界，一心要以自己所学服务于祖国。从天京访问后，湘军首领曾国藩罗致他筹办江南制造局，容闳当时对太平天国革命丧失信心，认为不符合他的『君主立宪』主张，便于一八六三年接受清政府的五品封号，携六万八千两银巨款赴美订购机器，一八六五年回国。由于容闳的指导思想是要建立『制造机器之机器』的工厂，而非曾国藩之流建立军火工厂的设想，因此，以后江南制造厂便成为我国工业史上一大建树。

一八六七年，容闳向曾国藩要求建立兵工学校获允，这所学校便成为我国第一个机械工程师的摇篮。一八七〇年，容闳又向朝廷要求派遣留学生出国，获得批准；至一八七八年共有四批一百一十二人在美国留学；一八七五年，容闳任驻美公使兼留学生监督。尽管由于保守派的反对，这一百一十二名留学生于一八八一年被迫返国，但毕竟开了出国留学的先河。

容闳于一八八一年公使任期届满，曾回国半年，呼吁禁止鸦片输入，旋即因夫人在美病重而返美。直至中日战争爆发后，容闳为爱国热忱驱使，于一八八五年回到上海，从此投入振兴祖国和策划『维新』的活动；他曾上书要求设银行、建铁路，均遭失败。『百日维新』及援救光绪帝期间，他支持康、梁；一九〇〇年义和团运动期间，他组织『国会』；后又与孙中山联合，鼓吹江苏、两广独立；再到香港密谋『大明顺天国』起义，事泄失败后，他于一九〇二年赴美国，仍念念不忘祖国革命事业。辛亥革命胜利，他即驰电欢呼；孙中山就任临时大总统，他即致函祝贺，并拟回国；但终因年老患病未能成行。一九一二年四月二十一日，容闳在美国哈特福德市住所去世，享年八十四岁。他是一位终生进取的爱国者和学者，他的一生为西学东渐、富强国家而不懈奋斗，为中国近代化做出了巨大的贡献。

黄遵宪

（一八四八年—一九〇五年）

学剑学书无一可，摩挲两鬓渐成丝。
爷娘欢喜亲朋贺，三十年前堕地时。

黄遵宪这首绝句《三十初度》，自谦学剑学书无一可，而其实他是诗与社会活动均有大成就。

黄遵宪，字公度，广东嘉应（今梅州市）人，十岁即以『神童』传闻。他的塾师教他作诗时，以该州神童蔡蒙吉的诗句『一路春鸠啼落花』为题，让黄遵宪另作一首，黄一会儿就写出了『春从何处去，鸠亦尽情啼』的佳句，令塾师大为惊喜。第二天，塾师又以杜甫的『一览众山小』句命题，黄遵宪应声答道：『天下尤为小，何论眼底山。』小小年纪竟有如此志向，更令塾师为之振奋。

黄遵宪的父亲黄鸿藻是个举人，官至户部主事、广西思恩府知府等。黄遵宪四岁入学，二十三岁（一八七〇年）赴广州应试落第，归途经香港，接触到西方政治、经济，引起他的兴趣，开始研究时务和欧美情况。一八七五年，他赴京参加拔贡生廷试，于次年中举。一八七六年，同乡京官何如璋出任驻日本大使，奏准任黄遵宪为使馆参赞，并于一八七七年到日本。

在日本时，黄遵宪深受日本汉学家的欢迎，并于一八七九年写成《日本杂事诗》二卷。

一八八二年，他调任驻美国旧金山领事。一八八五年黄遵宪回国后，写成《日本国志》共四十卷、五十多万字，为中国人了解日本起了重要作用。

此后，黄遵宪于一八八九年任驻英二等参赞，一八九一年至一八九四年任驻新加坡总领事。这期间，他奏请清廷取消关于不准华侨回国的法令，对于密切华侨与祖国的关系起了良好作用。

一八九四年，黄遵宪出任江宁洋务局总办，负责处理江、浙、皖、赣、湘、鄂等省的教案。正是这一年，他认识了康有为。

一八九六年，黄遵宪捐资创办上海《时务报》，这份报在百日维新期间起了很大作用。一八九七年，翁同龢读了《日本国志》，即向光绪帝推荐黄遵宪任湖南长宝盐法道，代理湖南按察使。他在湘支持并参与谭嗣同的维新运动。

戊戌政变后，黄遵宪极度悲痛地写下了『忍言赤县神州祸，更觉黄人捧日难』的诗句。由于英、日等国的保护，黄遵宪未受清廷重罚，并允许他回乡养病。他于一九〇三年设立嘉应兴学会议所，自任会长，创办务本中西学堂等，并倡导『诗界革命』。

黄遵宪于一九〇五年三月病逝。

陈启沅

（约一八二五—约一九〇五年）

一八七四年，在广东西樵山下的简村出了件新鲜事，在一阵爆竹声后，一个有高烟囱的房子里竟发出轰隆隆的声音，继而一阵尖声怪叫，吓得围观的乡民拔腿就跑……这就是中国第一家民族资本经营的近代蒸汽缫丝工厂——继昌隆丝偈。它的创办者名叫陈启沅。

陈启沅，一作启源，字芷馨。广东省南海县西樵乡简村人。他出身于农桑之家，自幼好学，凡诸子百家、星相舆地各种书无所不读；但他在科场却屡试不中，便以教书为生。一八五九年，他赴南洋随哥哥陈启枢经商，积攒了不少钱，成为当地富翁。但他富而不忘家乡，遂于一八七二年以后投资七千余两银子，在简村建起了工厂。为加强与当地民众的联系，陈启沅还在当地开办杂货店、米店、药店，还办学、兴建水利等。

陈启沅的工厂占地四十余亩，动力来自轮船旧马达，主要设备有煮水锅炉一座、丝釜几十口、脚踏式缫丝机三百部等；招雇女工达数百人。由于继昌隆采用半机械化的生产，一个女工可抵上十余人的手工劳动，而且产品细滑光洁、粗细均匀，所以售价比手工缫丝还高三分之一，陈启沅兄弟获利甚巨。以后，他们还自设丝庄，所产蚕丝远销英、法、美，声誉日隆。

以后三四年间，南海、顺德办起多家机械缫丝厂，手工缫丝工人大批失业，失业工人数千人于一八八一年捣毁了简村附近一家丝厂。陈启沅被南海知县下令停产并被迫把厂迁至澳门，易名『和昌』，三年后获准迁回简村，再改名为『世昌纶』，规模就更大了。陈启沅曾设计过一种半机械化缫丝小机，为手工缫丝工人所接受。他晚年著有《蚕桑谱》，于一九〇五年去世。陈启沅是我国近代的爱国华侨、著名的民族资本家。继昌隆缫丝厂的创办和发展，标志着缫丝工业进入了新的历史时期，促进了珠三角，乃至全国缫丝工业的发展，为我国民族资本的投入指明了方向和道路。

忠義千秋

刘永福

（一八三七—一九一七年）

一八七三年，法国侵略军攻陷河内，越南国王见亡国在即，立即连下谕旨，邀请屯驻保胜一带的中国黑旗军帮助抗法。黑旗军首领刘永福亲率一千余名战士为先锋队，在河内城西大败法军，法军头目安邺当场毙命。刘永福战后被提升为越南三宣副提督，越南国王并破例派人送印绶给刘永福。

刘永福，原名义，号渊亭。广东钦州（现属广西）人。他八岁时随父迁居广西上思州，十三岁到滩艇做雇工，后任滩艇道水员。他平时还苦练拳棒，武艺超群。

一八五七年，刘永福参加广西以郑三为首的起义军，后来率领二百余人投于天地会义军吴亚忠部下。太平天国失败后，刘永福率所部三百余人退越南保胜，很快就发展到二千余人，他以北帝庙的七星黑旗为军旗，故称黑旗军。

刘永福在一八七三年抗法大捷后，威名远扬。清廷为保障南方，决定助越抗法，便于一八八三年四月派吏部主事唐景崧入越与刘永福见面，劝刘永福归顺清朝，助越抗法。刘永福接受了唐景崧的劝谕，于当年五月再次接受越王的邀请，在河内城西的纸桥与法军将领李威利率领的侵略军大战，最后大败法军，越南国王十分高兴，实授刘永福为『三宣正都督』，加封义良男爵。

一八八四年七月，法国诱降刘永福，他义正词严加以拒绝。九月，清廷授刘永福以提督衔，赏戴花翎。一八八五年四月，黑旗军在越南临洮再次大败法军。

一八八五年中法议和后，黑旗军被迫回国，刘永福任南澳镇总兵。一八九四年九月，刘永福奉旨率兵赴台湾备战。次年五月日军进攻台湾。《马关条约》订立后，唐反对割让台湾；但在日军攻陷台北前夕，唐景崧潜回大陆。台湾民众推举刘永福为『台湾民主国总统』，刘永福三次坚辞，但仍继续领导台湾民众抗日。一八九五年六七月间军饷不继，刘永福派人回大陆求援，各省均不答应；他的义子和部将劝他回大陆，刘永福乘英商船回广东。一八九八年他奉两广总督之命，招募黑旗军四营驻守广州。一九〇七年他称病还乡。武昌起义后，刘永福应广东都督胡汉民邀请，出任广东民团总长，不久辞职。一九一五年袁世凯打算接受日本的『二十一条』，刘永福驰电抗争。一九一七年，刘永福在家乡病逝。他戎马一生，屡战屡胜，不愧为一位天才军事家。

冯子材

（一八一八—一九〇三年）

清末老将冯子材是个天才将领，但也是个经历复杂的人：他先参加反清义军，后来却当上了清军大将，辞职还乡后又复出带兵，并成为抗击法军侵略的英雄。

冯子材，字南干，号萃亭。广东钦州（现属广西）人。一八五〇年，广西灾荒连年，清廷却仍征收苛捐杂税，灾民纷纷造反！冯子材也在广西博白聚众反清；一八五一年他率众加入广东天地会刘八的反清军。但不久接受清政府『招安』，他的部队被编入清军张国梁部，参与对太平军的作战。清军尾随太平军到南京郊外，建立江南大营，冯子材的部队也属江南大营。一八六〇年，江南大营被击溃，冯子材率残兵退踞镇江。一八六二年，他被提升为广西提督，仍留在镇江对太平军作战。一八六四年他攻陷丹阳，不久，天京也告陷落。冯子材接着被派往广东镇压反清斗争，到广西镇压苗民造反，还配合清军覃远琏部打垮了广西天地会义军，迫使天地会残部退至越南北部；冯子材又在一八六九年至一八七九年间三度入越打击天地会残部。

一八八二年，冯子材辞职回乡。一八八四年，清廷任命对法主战派张之洞为两广总督，张之洞奏准起用冯子材，一八八五年二月，冯子材被任命为广西关外军务帮办，他率军抵达龙州，被众将推举为前敌主帅。此时法军已占领镇南关。冯子材于当年三月下旬指挥各路兵马在镇南关前大战法军，法国侵略军伤亡千余人。冯子材收复镇南关，乘胜攻克谅山，重伤法军统帅尼格里。此时，黑旗军刘永福也在临洮大败法车，法国国内为之震动。在此有利时机，昏庸的清廷竟命令冯子材、刘永福撤军。

冯子材于四月撤回国内，奉命督办广东钦、廉二州的防务，会办广西防务，于一八八六年镇压了琼州黎族人的造反。

甲午战争爆发后，冯子材奉命北援，但到镇江时，中日《马关条约》已签订。他又返回广东。一八八九年，冯子材调任云南提督，并于一九〇三年死于云南任内，享年八十六岁。

鎮南關

蔡孝

（清末）

广州一德中路有一座独特的西方『哥特式』双塔建筑，这是清政府按照一八四四年十月签订的中法《五口贸易章程》（《黄埔条约》）的规定，在通商港口之一的广州建起的天主教堂。由于这座教堂几乎全以巨石砌成，因此广州人称它为『石室』。而负责这座在远东独一无二的教堂建筑施工的人，竟是一位普通的砌石工人蔡孝。

蔡孝，广东五华人。他像许多五华山区的孩子一样，过早地失去了童年的欢乐，从小随着父兄学习打石砌屋的技术，由于他聪敏好学，很快就学会了一手砌石绝技，待他长成一个膂力过人的青年时，已能跟着一些熟练的五华石工，离开贫穷的故乡山区，到省城广州觅生活了。

一八六〇年十月，清政府在英法联军的洋枪威胁下再度屈膝，分别与英、法签订了中英《续增条约》和中法《续增条约》（即《北京条约》），除了增补新条款外，还重申《黄埔条约》在五个港口建天主教堂的规定。一八六三年石室奠基，但由于负责设计的法国工程师不谙筑石之道，耗时五年石室都未能建起。这时，蔡孝已成为赴穗五华石工里的佼佼者，清政府便改聘蔡孝负责石室的施工。

砌石室的巨石每块重达千斤，怎样才能把它砌起来呢？蔡孝利用杠杆原理，仅用几根杉木便做成了简单的『起重机』，把一块块巨石搬上墙顶。对巨大的花岗岩的黏合问题，蔡孝也用自制的黏合剂解决了。为了使石柱和拱券等关键部位的巨石结合得更牢固，蔡孝使用了铅做关键部位的结合物。经过二十年的艰苦努力和辛勤劳动，这座楼层高达二十八点六七米，尖塔高达二十九点二八米，总高度（五十七点九五米）相当于二十层楼的『石室』终于在一八八八年建立起来了，成为当时广州最高的建筑物。蔡孝——这位普通的五华石工的名字也从此留在了广州的史册上。

抗日战争时期，日军飞机在广州一德路一带投弹轰炸，附近的许多新建楼房都震塌了，而石室——这座已历半个世纪的巨石建筑物却仍巍然挺立，可见石室的坚固程度，当年的施工者蔡孝等人有着多么杰出的智慧！

邓世昌

（一八四九—一八九四年）

一八九四年九月十七日，黄海大东沟海面上发生了一场激烈的海战。清朝北洋舰队的致远舰被日舰发射的鱼雷击中，全舰官兵几乎全部牺牲，致远舰管带（舰长）义不独生，他推开了部下递来的救生圈，把衔着他发辫不让他沉没的爱犬『太阳』按入海里，自沉于黄海波涛中。这位为国捐躯的管带名叫邓世昌。

邓世昌，字正卿，广东番禺（今广州海珠区）人。他生于一八四九年，少年时期就很有志向，曾在上海教会学校向欧洲人学习算术、英语。一八六七年，十八岁的邓世昌进入福建水师学堂学习测量和驾驶技术，成绩优良。一八七四年因学有成效受朝廷褒奖，接着，年仅二十七岁的邓世昌被任命为帮带，后被调往海东云炮舰任管带，负责海口巡逻；当日寇侵扰台湾时，邓世昌调到振威舰，专门缉拿海盗和不法分子。邓世昌的名字甚至传到了中堂李鸿章的耳中，一八八〇年，李鸿章兴建北洋舰队时，便把他调到舰队的飞霆舰任管带；第二年并随北洋海军将领丁汝昌到英国接舰，此行他认真考察西方海军情况，悉心学习外国先进的军事技术和经验，加以研究，取己所用。

一八八四年，朝鲜发生内乱；日本虎视眈眈，妄图乘机占领朝鲜。邓世昌全速驶往仁川，比日军早到一天，从而挫败了日本人的阴谋。

甲午战争爆发后，他发誓『设有不测，誓与日舰同沉』，表现了崇高的爱国精神。

一八九四年九月十七日，丁汝昌率领北洋舰队十艘军舰，顺利完成护航任务后返航，却在大东沟附近遭日军突然袭击。致远舰全体官兵在邓世昌率领下，击中多艘日舰，但却遭四艘日舰包围。在炮弹耗尽的情况下，邓世昌决定撞沉日军旗舰吉野舰；吉野舰狼狈逃窜，并向致远舰施放鱼雷。致远舰中鱼雷沉没，全舰二百余官兵仅七名遇救，邓世昌壮烈牺牲。

郑观应

（一八四二——一九二一年）

一八九四年，清廷朝野兴起了一股『《盛世危言》热』，短短几年内，竟被重印了二十余次，辗转翻刻发行了十余万部之多，是中国近代出版史上版本最多的书。书中提出的『富国强兵』主张，成为朝野人士热衷的话题。而这本洋洋一百〇三篇的名著，竟然是出自一位腰缠数十万两白银的大资本家、太古轮船公司高级买办郑观应之手！

郑观应，原名官应，字正翔。广东香山县（今中山）人。他在一八四二年七月二十四日生于香山县雍陌乡的一个豪门大富之家，幼年跟随当塾师的父亲读孔孟经书。十七岁应童子试不第，便按父亲的安排到上海学商，于一八五八年入宝顺洋行任买办，并在传教士傅兰雅办的英华书馆学英文和西方科学文化。一八六八年宝顺洋行停业，郑观应自办和生祥茶栈，在短短三年间便积累资本十万两白银。一八七四年，郑观应任扬州宝记盐务总理，并兼太古洋行的高级买办。一八七八年他以千两巨款赈济山西、河北、河南、陕西四省灾民，获朝廷授道员衔，并被载入《广东省志》《香山县志》。至一八八〇年后，他已拥有数十万巨资。

郑观应作为中国企业家，与列强入侵财团有较大的矛盾，一八七三年他发表《救时揭要》，一八八〇年发表《易言》，提出了要与外国『商战』及开设议院等改良主义主张。一八八四年中法战争期间，他激于爱国义愤，辞去上海轮船招商局的职务。当年六月至八月，他甚至冒险亲到西贡、曼谷、金边等地侦察敌情，因此而触怒了列强势力。他于一八八五年一月四日经香港时突遭扣押，被迫变卖固定资产，凑足四万余两巨款给太古洋行，才获释放。他由消极而愤起著书，于一八九二年完成《盛世危言》，海内一时洛阳纸贵。

郑观应晚年多病，但除了在招商局工作外，还热心于教育事业，一九二一年五月，他就是在招商公学住校董事任内病逝于该校宿舍的。郑观应是一个杰出的爱国者和教育家，所著的《盛世危言》乃中日甲午战争前著名的政治改良论著，它所提出的革新观念和『以商立国』的商战理论，对中国近代思想史及商业发展起了深远的影响。

居巢（一八一一—一八六五年）

居廉（一八二八—一九〇四年）

十九世纪中叶，广东出了两位大画家，他们追求新画意、新内容、新笔墨，因此积极提倡写生；他们创造的『没骨「撞粉」「撞水」』法，后来成为居派的艺术特色；这两位大画家就是居巢、居廉兄弟。

居巢，字梅生，号梅巢。广东番禺（现为广州市海珠区）人。

居廉，字古泉，自号隔山老人，是居巢的七弟。

『二居』自幼喜爱绘画，曾拜江苏画家宋光宝（阳湖人）和宋孟堂（吴县人）为师，深得江苏画派的妙处。

一八四八年，『二居』到广西，在知府张敬修（广东东莞人）的衙门里当幕僚。一八五三年，居巢升任正五品同知；而张敬修以武功升任广西右江兵马道道员，后再升任按察使（正三品）。

一八五五年十一月，张敬修因事被革去按察使职务。一八五六年春，居巢也辞去同知，与居廉随张敬修返回广东东莞。张敬修建立了著名的可园（广东现存四大名园之一），不再出仕，而与『二居』同乐。

居巢能诗词，善书法，画的特点是轻描淡写却淡逸清华。他平时不轻易下笔，而作画时虽一花一草却刻意经营，他认为作画『不能形似哪能神』与『以形写神』论相通。他的花鸟画甚佳，代表作有扇面画《山禽图》等。

居廉学画时得到居巢的指点，也像其兄一样擅长画草虫花卉。他郊游时喜立于豆棚花架之间，观察终日。他所作《二十四番花信图》用没骨『撞粉』『撞水』法，画来神韵自然，生意盎然，是居派花鸟画的代表作，『二居』作画妙用水、粉，画面有特别趣味。他们所提倡的写生，造就了既有坚实传统的笔墨功夫，又具妙俏自然形象的艺术效果。对于同时代一向以临仿前人为准则的画坛习气，是一种移风易俗的新源流。也为弟子高剑父、高奇峰推崇。

一八六四年，张敬修在东莞家乡去世。不久『二居』便离开可园，返回番禺。居廉回番禺后造『十香园』，专心作画并设馆授徒，声名日盛。

居巢于一八六五年去世，享年五十五岁。居廉于一九〇四年去世，享年七十七岁。

徐润

（一八三八—一九一一年）

清末，在上海有个广东籍大资本家，出门竟有『道员』仪仗，前面鸣锣开道，后面冠盖如云，俨然清廷大员出巡。这位享有清朝『道员』衔的资本家名叫徐润。

徐润，号雨之，别号愚斋。广东香山县北岭村（今属珠海）人。他早年到上海，在英商宝顺洋行当买办，以后赚的钱多了，便开始做些丝茶类的生意。由于他对行情看得准，同时也由于欧洲各国对丝绸类产品需求量很大，所以徐润的生意越做越大，并开设了『宝源丝茶土号』，获利甚丰。此外，他还热衷于房地产，开办钱庄等，积累了雄厚的资金。

一八七三年，李鸿章派徐润到上海，任上海轮船招商局会办，以后，他又被任为开平矿务局会办、上海轮船招商局代总办等职务，徐润当时简直成了洋务派官员的得力助手。他也凭借与外国洋行、洋务官僚的密切关系，左右逢源，先后独资开办或参与投资了一批工矿企业，成为清末著名的民族资本家之一。他创办保险，将西方经济模式引进中国，是中国保险业的重要奠基人之一。

徐润还与他的从弟徐鸿复合资，于一八八二年在上海西华德路创办同文书局，其中有石印机十二台，雇用职工五百人，是上海最早的民营机器印刷厂。同文书局主要由徐鸿复主持，专门翻印古籍善本，该局所印的《二十四史》《康熙字典》《佩文斋书画谱》等尤其著名。一八九一年，清廷让该局承印《古今图书集成》一百部，一八九四年完成送京，此后声誉益隆。该局于一八九八年因印书过多、资金周转不灵而停办。

徐润晚年著有《徐愚斋自叙年谱》。他在一九一一年去世，享年七十四岁。

康有为

（一八五八—一九二七年）

一八九五年四月，一千多名全国各省的举子云集北京参加会试，忽然一个消息传来：朝廷要跟日本签订赔款割地、丧权辱国的《马关条约》。举人们听到这个消息都不禁痛心疾首、义愤填膺。一位来自广东的举人连夜起草了一份一万四千多言的上皇帝书，串联十八省一千三百多名举人集会，通过了这份以『拒和、迁都、变法』三策而驰名天下的万言书，并于五月二日送交都察院。这就是历史上有名的『公车上书』，那位起草万言书的广东举人就是康有为。

康有为，原名祖诒，字广厦，号长素，广东南海人。康氏十三代均为官僚士人，以理学传家。康有为一八七九年曾赴香港一游，读到一些西方著作，从此开始学习西学。一八八二年赴北京参加顺天乡试不中，经上海时又接触到西方文明。回粤后便创办『不缠足会』。一八八八年再赴京应试不中，康有为上书皇帝，极言时危，请及时变法，但上书被顽固派所阻。一八九〇年他在广州长兴里开设万木草堂，收梁启超、陈千秋等人为门生。

一八九三年，康有为乡试中举。一八九五年赴京会试，便演出了轰轰烈烈的『公车上书』事件。五月三日，康有为中进士第八名，授工部主事，但他不愿就任，继续从事变法活动。八月，康有为成立了强学会。并于离京到上海时设立了强学会上海分会。

一八九七年十二月康有为再到北京，继续上书主张『维新变法』。一八九八年六月十一日，光绪帝『百日维新』开始，六月十六日康有为被任命为总理衙门章京上行走，他专折奏事二十余份，为维新运动提出了具体措施。

同年九月二十一日，慈禧太后再出『训政』，幽禁光绪帝于瀛台，戊戌维新乃告失败。清廷派兵大捕维新派人士。而康有为于十八日获光绪密诏，政变当天已出北京，二十九日抵香港。后来他东渡日本。一八九九年，康有为在加拿大组织保皇会。一九〇一年在印度修改他的政治理论著作《大同书》。

辛亥革命后，康有为于一九一三年回国。一九一七年与张勋共谋复辟，拥宣统重登帝位。失败后仍继续鼓吹祭孔读经。一九二七年康有为去世。

梁启超

（一八七三—一九二九年）

一八八四年，广东新会县传出了一件大新闻：一个十一岁的孩子竟考中了秀才！五年后，这个小秀才竟在广州乡试中榜列全省第八，高中举人。这位十六岁的举人便是梁启超。

梁启超，字卓如，一字任甫，号任公，别号饮冰子、饮冰室主人。广东新会县人。一八九〇年，他随父入京会试不第，归途经上海时，看到《瀛环志略》一书，他才知道中国之外尚有五洲列国和西学。他回家后，到广州万木草堂随康有为学习，成为康的得意门生。一八九四年、一八九五年，康、梁师生联袂两次赴京赶考。在第二次赴京考试中，梁启超先是发起粤湘二省举人联名上书要求拒签《马关条约》，接着帮助康有为发动『公车上书』。发榜后，梁启超因文章中涉及维新而落第。他于是留京协助康有为创办《中外纪闻》；当年八月，又助康有为组织强学会，任该会书记员。

一八九六年三月，他到上海担任《时务报》主笔，后又到澳门办《广时务报》。一八九七年十一月，他到长沙任时务学堂总教习，协助谭嗣同筹划新政、组织南学会、创办《湘学报》。『百日维新』期间，他奉命在总署查阅奏章；光绪帝于七月三日召见梁启超，赏六品衔，命办大学堂、译书局等事务。一八九八年九月二十六日因戊戌维新失败，他及时自塘沽乘日舰逃亡日本。

一八九八年梁启超在日本横滨创办《清议报》，进行反对慈禧、保皇帝的宣传；一九〇〇年，他支持并控制唐才常组织自立军『武装勤王』，并曾到上海准备就近指挥，但当时唐才常已因事泄被害。一九〇二年他在日本创刊《新民丛报》，介绍西方政治、经济、哲学学说，鼓吹自由、民权。同盟会成立后，他仍坚持保皇立场，以《新民丛报》与革命党的《民报》论战。武昌起义前，他鼓动、联络禁卫军政变，但未得逞。于是他指示国内同党『和袁，慰革，逼满，服汉』。

一九一二年十月，他回国支持袁世凯，并任共和党首领，后又与另两党联合为进步党并任理事；还曾任袁世凯内阁的司法总长、币制局总裁及参议院议员。一九一五年，袁世凯称帝，梁启超著文反对帝制复辟。袁世凯死后，梁启超解散进步党，支持段祺瑞。在一九一七年张勋复辟时，梁启超代段政府起草讨张檄文。事平后，他出任段政府财政总长。梁启超于一九一八年十二月赴欧游历，至一九二〇年春回国。他回国后即宣布『政治退隐』，担任清华大学研究院导师，兼任南开大学等几所大学的教授。他倡导『小说界革命』『诗界革命』『史界革命』，提倡白话文，批判和否定『帝王中心论』，他还介绍西方学术、思想、文化情况，是我国一代大儒。一九二九年一月，梁启超于北京病逝。

康广仁

（一八六七—一八九八年）

一八九五年，广东出了个『不缠足会』，被当时的遗老遗少们斥为异端，创设广东『不缠足会』的康有为、康广仁兄弟，更被骂为离经叛道、世风日下的『罪魁祸首』。

康广仁，原名有溥，字广仁，号幼博。广东南海人。他比兄长康有为小九岁，以字排行。康广仁小时候随康有为念书，赴科举考试获捷后，被派到浙江当过地方小官。但他不满清朝腐败的官场习气，不久便辞官回乡。康有为『公车上书』及进行变法活动期间，康广仁也跟随、协助兄长从事变法。一八九六年，康广仁到上海，与康有为的弟子梁启超和谭嗣同、汪康年在上海《时务报》馆内设立『不缠足会』。以后返回广东，于一八九七年到澳门担任《知新报》的经理。他锐意革新，积极宣传变法，使《知新报》成为与上海《时务报》（梁启超任主笔）、湖南《湘学报》鼎足而立的著名报纸。

康广仁随康有为于一八九七年十二月到京。一八九八年六月开始『百日维新』，康广仁协助康有为，拟写奏稿。他主张对外联英抗俄，对内专意废除八股，然后再谈其他变革措施。他对变法前途感到忧虑，曾经劝康有为说：『光绪皇既无权，必定不能举行新政，不如回家去，选取中西文学作品，向民众宣传变法的道理，三年后必定有所成就，然后再议变法、救中国也不为迟。』但康有为没有接受他的意见，留在北京进行戊戌维新活动。后来局势发展果然被康广仁言中，一八九八年九月二十一日，慈禧太后突然幽禁光绪皇帝，康广仁被逮捕，并于七天之后与谭嗣同（一八六五—一八九八年）、杨深秀（一八四九—一八九八年）、林旭（一八七五—一八九八年）、杨锐（一八五七—一八九八年）和刘光第（一八五九—一八九八年）同时被慈禧太后下令杀害，于北京菜市口行斩首刑，历史上称为『戊戌六君子』。

詹天佑

（一八六一——一九一九年）

一九〇三年，一辆镌龙绘凤的火车从高碑店车站开出，车上载着前往易县祭祖的慈禧太后和皇室宗亲。慈禧太后十分高兴，因为当袁世凯于一九〇二年奏请建设这条铁路时，她的懿旨是要六个月完成，而结果只花了四个月就建成了。主持建设这条铁路的人，就是中国第一位铁路总工程师詹天佑。

詹天佑，号眷诚。出生于广东南海县。他幼年聪慧过人，于一八七二年七月考取中国首批官办留美学生，时年仅十二岁。一八八一年以优异成绩在美国耶鲁大学毕业，获学士学位，并于同年回国。回国后又到福州船政局的水师学堂学驾驶，翌年任杨武兵舰驾驶官。在中、法马尾海战时，詹天佑驾舰跟法国军舰奋战五六个小时，沉着勇敢，立下了战功。

一八八八年，詹天佑任中国铁路公司的总工程师，只用八十天工夫就筑成了天津—唐山铁路；一八九二年，当我国建设关内外铁路，在滦河上架桥时，英、日、德工程师都束手无策，最后，还是詹天佑解决了这个难题，架起了滦河大桥。

一九〇五年，詹天佑任京张铁路总局和工程局的会办兼总工程师。京张铁路原定六年完成，但詹天佑却提前两年，于一九〇九年建成了这条长三百六十华里，沿途重峦叠嶂施工艰难的铁路，还因节省余下了二十八万两银子。

一九一〇年詹天佑任广东商办粤汉铁路总公司总理，一九一二年兼汉粤川铁路会办；一九一九年四月二十四日詹天佑因劳瘁成疾于汉口去世。他的一生，为中国铁路交通的发展做出了极大的贡献。

吴趼人

（一八六六—一九一〇年）

晚清有四部小说受到文学家和史学家的推崇，它们就是我国伟大的文学家鲁迅称四大『谴责小说』的《官场现形记》（李宝嘉著）、《老残游记》（刘鹗著）、《孽海花》（曾朴著）和吴趼人著《二十年目睹之怪现状》。

吴趼人，原名沃尧，字小允，又字茧人。广东省南海县佛山镇人，因此，他以后又自号『我佛山人』。吴趼人于一八六六年五月生于北京，次年回到佛山，在这古色古香、乡风淳朴的名镇度过了童年和少年时代。他于十七八岁时到上海谋生，先在江南制造局翻译馆工作，当时他很喜欢制造机械，更兼生性聪颖，所以曾自行设计轮船，并制成模型，但不受当局重视。他于是转入习文，在戊戌变法前后，曾在上海协助办《字林沪报》《采风报》《奇新报》等。一九〇二年，他到汉口为《汉口日报》撰文，次年又回上海。当时，梁启超在日本东京创办《新小说》杂志，提倡用小说来移风易俗。其主张深受吴趼人赞同，他于是开始创作中、长篇小说。一九〇五年一月，《新小说》迁到上海，吴趼人便把他所写的小说寄给该刊连载，其中包括《电术奇谈》（演述日译本的写情小说）、《痛史》（写南宋亡国史事）、《恨海》（写两对订婚青年在战乱中失散的悲剧）、《九命奇冤》（写两个家族的诉讼案）和《二十年目睹之怪现状》（写清末社会政治黑暗腐败状况）等，其中以上述最后一本小说最为著名，奠定了其晚清著名小说家的地位。

一九〇五年春，吴趼人受聘为汉口美商的《楚报》中文版编辑，同年五月为反对美国『华工禁约』而毅然辞职。一九〇六年，他受聘为上海《月月小说》主编，创作《劫余灰》《发财秘诀》《上海游骖录》等小说在该刊发表。此后他创办主持广志学堂，较少写作，其中较重要的只有《近十年之怪现状》（一九〇九年）。吴趼人于一九一〇年十月病逝。

孙中山

（一八六六—一九二五年）

一九〇五年八月二十日，在日本东京，孙中山先生在热烈的掌声中宣布中国同盟会成立，这是以兴中会、华兴会为基础，联合光复会等革命团体和革命志士，首次建立的全国性民主主义革命政党。孙先生被选为总理，他提出的『驱除鞑虏，恢复中华，建立民国，平均地权』的主张，成为同盟会的革命纲领。中国革命走向了一个崭新的阶段。

孙中山，名文，字德明，号日新，改号逸仙。因一八九七年在日本进行革命活动时曾化名为中山樵，故此又号中山。广东香山（今中山）县翠亨村人。孙中山于一八六六年十一月十二日生于贫苦农民家庭。孙先生的兄长孙眉于一八七一年到檀香山，后来经营畜牧业，逐渐成为华侨资本家。孙先生年幼在家乡读书、务农，十二岁（一八七八年）赴檀香山，先后入英、美教会学校读书。一八八三年回国，一八八六年入广州博济医院附属南华医学校学医；翌年入香港雅丽氏医院附设西医书院学习，一八九二年毕业，在澳门、广州行医。

一八九四年二月，孙先生偕陆皓东北上，六月在天津上书李鸿章遭拒。他于是懂得只有用革命手段推翻腐朽的清政府，才能救中国。

一八九四年十一月二十四日，孙先生在檀香山华侨中创建我国第一个倡议推翻帝制的革命团体——兴中会。翌年二月在香港建立兴中会总部，在誓词中提出『驱除鞑虏，恢复中国，创立合众政府』的革命主张。孙先生决定于一八九五年十月二十六日在广州发动反清武装起义，后因事泄，起义流产，陆皓东等志士遇难。

一八九六年十月，孙先生到伦敦，被清政府公使馆于十月十一日诱骗幽禁，幸英国老师康德黎博士营救而脱险。

一九〇〇年十月十日孙先生发动惠州起义；同盟会成立后，孙先生又在一九〇七年至一九一一年，于粤、桂、滇等省发动和领导了八次起义，其中一九〇七年的镇南关起义，孙先生亲自在炮台上指挥战斗。这些起义虽然失败了，但在政治上打击了清政府，鼓舞了人民群众，为辛亥革命做好了准备。

一九一一年十月十日，武昌起义爆发，革命浪潮席卷全国。一九一二年一月一日，南京临时政府宣告成立，孙中山先生就任临时大总统——这是我国历史上第一个共和国政府。

一九一二年二月十二日清宣统帝被迫退位。同年四月一日，孙先生正式辞去临时大总统职位，北洋军阀袁世凯窃据临时大总统。

同年八月二十五日，宋教仁以同盟会为基础，联合统一共和党、国民公党、国民共进会、共和实进会，组成国民党，推孙先生为理事长。九月，孙先生接受袁政府的任命，担任全国铁路督办。

一九一三年三月，袁世凯派人刺杀宋教仁，彻底暴露了他与革命对立的阴谋。孙先生由日本赶回上海，七月，发动『二次革命』，讨伐袁世凯失败后，孙先生回到日本，于一九一四年七月另组中华革命党反袁。

袁世凯复辟受到全国讨伐。一九一六年六月袁世凯因病毙命，军阀段祺瑞即把持北京政府，毁弃孙先生手订的《中华民国临时约法》。次年，孙先生联合滇、桂军阀发动『护法运动』；非常国会在广州召开，成立护法政府，选孙先生为海陆军大元帅。但由于滇、桂军阀的排挤和作梗，护法运动于一九一七年五月失败。孙先生被迫离开广州。

一九二〇年八月，孙先生返回广州，重建军政府，发动第二次护法运动，但却因陈炯明的叛变而失败。

一九二二年八月，孙先生与苏俄代表发表《孙文越飞宣言》，建立国共两党联盟，允许共产党员以个人资格加入国民党。一九二四年一月在广州召开中国国民党第一次代表大会，确定了『联俄、联共、扶助农工』的三大政策。会后创办黄埔军校；并组织东征军讨伐陈炯明，组织北伐军讨伐北洋军阀。国、共两党在历史上第一次合作。孙中山即以广州为革命据点，全力推动革命前进。

一九二四年，直系将领冯玉祥发动了北京政变，电请孙先生北上主持解决时局问题。孙先生于同年十一月发表《北上宣言》，抱病北上。一九二五年三月十二日因肝癌恶化逝世。他在弥留之际，仍念念不忘『革命尚未成功，同志仍须努力』。

陆皓东

（一八六八——一八九五年）

一八九五年十一月，秋风萧瑟。在清廷两广总督府阴森森的监狱里，一位二十八岁的志士笑对色厉内荏的清廷狱官：『但我可杀，而继我者不可尽杀！』这位志士——陆皓东的名言传诵一时，鼓舞了无数反清志士。

陆皓东，名中桂，字献香，号皓东。广东香山（今中山）县翠亨村人。他与孙中山先生既是同乡，又是好友。陆皓东十九岁时到上海学习拍电报，勤奋聪颖，成绩优秀；因此，当他学成毕业后不久便擢升为领班。他回广东的时候，常去找在广州学医行医的挚友孙中山先生，一道议论天下事，探讨救国的办法，一谈竟日。

一八九四年中日甲午战争爆发前，他随孙中山北游京津，向清廷投递《上李鸿章书》，遭受拒绝；孙中山从此认定要以革命推翻清政府，中国才能得救。

一八九五年二月，孙中山邀集陆皓东、郑士良等人到香港设立兴中会总部，并决定组织广州起义。陆皓东提议以青天白日旗为革命军旗获得通过。会后，陆皓东随孙中山回广州建立兴中会分会，租双门底王家祠为分会机关。陆皓东等人还积极联络绿林、会党以及防营、水师中的反清志士，定于一八九五年重阳节（十月二十六日）举行广州起义。可是，由于在香港的会员杨衢云率领的起义军主力不能按期赶到广州，兴中会又出了个叛徒朱淇，向清政府自首告密，于是清两广总督谭钟麟派兵搜捕王家祠，陆皓东等五人被捕。广州起义还未发动就失败了。陆皓东与丘四、朱贵等会员于十一月七日惨遭杀害，成为中国推翻帝制、建立共和第一批流血牺牲的烈士。

郑士良

（一八六三—一九〇一年）

一九〇一年七月十五日，香港报纸登载了一则『某男中毒死亡』的社会新闻。这则消息在革命党和香港、广东会党中引起深深的哀悼，因为这位奇男子原来是在惠州大战中大败清军的革命军司令——郑士良。

郑士良，原名振华，号弼臣。广东归善县（今惠州市附近）淡水塘人。一八六三年，他生于一个任侠仗义的豪士家里，从小结识了许多与父亲过从甚密的会党人士。郑士良十九岁时入广州礼贤会学校念书，不久又转学到博济医院所办的华南医学校学习，并在那里认识了以匡时济世为己任的孙中山先生，两人志同道合，引为知己。

一八九五年二月，郑士良应孙中山之邀到香港，参加了兴中会。该会总部决定，由郑士良联络广州附近的绿林和会党，准备参加广州起义。后来起义夭折，郑士良随孙中山逃到日本。

一九〇〇年六月，孙中山派郑士良到惠州去组织起义。郑士良即联络潮州、惠州、嘉应等地的会党和绿林首领，让他们率众到惠州归善三洲田集合，等从香港运来枪械就起义。不料这事让两广总督德寿知道了，立即调四千多士兵分路进攻三洲田。起义军于十月八日派八十名精兵夜袭沙湾，斩敌四十，俘敌三十，取得首战胜利。郑士良乘胜向深圳进军，准备进攻新安。这时孙中山来电，告知枪械将由台湾转运到福建。郑士良于是挥军北上，大败清军于佛子坳、永湖，攻克崩岗墟、三多祝，一时义军扩展至二万余人。但由于日本突然禁止枪械出口，义军弹尽援绝，于十月二十二日战败后退军，然后各自散去。郑士良率领少数骨干退回香港。一九〇一年七月十四日，这位义军司令在香港被人下毒害死。

黄小配

（一八七二—一九一二年）

二十世纪初叶，香港报刊上出现了一位活跃的小说家『禺山世次郎』，从他的名字看，像是个日本人；但从他写的小说来看，无论文字和内容，都是地地道道中国式的。这个小说家原来确实是中国广东人，他的名字叫黄小配。

黄小配，名世仲。广东番禺人。『禺山世次郎』的含义就是表明他是番禺人，『世次郎』也就是世仲。黄小配少年时代喜爱文学，后来当上了新闻记者；他对清朝统治者的倒行逆施、卖国行径非常愤慨，参加了孙中山先生创立的同盟会。此后，他便以笔为枪，开辟了反清的另一条战线。

一九〇五年，黄小配写的《洪秀全演义》开始在香港《有所谓报》上连载，登载了将近一年，《有所谓报》停刊，这本小说又转载于《少年报》，可是连载至第五十四回，《少年报》又停刊，所以《洪秀全演义》直至出版单行本时，仍然是未完成本。尽管如此，著名文学家章太炎还是为这本小说写了热情洋溢的序言。

黄小配所写的小说共有十多种，较著名的还有《五日风声》，写革命党人在黄花岗起义中的英勇事迹；《廿载繁华梦》写广东一个海关小吏周东生如何依附洋人发了大财，过起了豪华奢侈生活的故事。

黄小配一面从事同盟会的革命工作，一面为各报刊写了大量通讯、特写和政论。以他写小说的数量来说，也可与『我佛山人』吴趼人相媲美。黄小配不愧为晚清的一位新派小说家。但他却不幸于辛亥革命后的一九一二年，被披着革命党外衣的新督军陈炯明派人杀害了，黄小配去世时年仅四十岁。

冯如

（一八八三—一九一二年）

一九一〇年冬天，美国旧金山机场上人山人海，一场大规模的国际飞行竞赛正在这里进行。观众们仰望着蓝天，兴致勃勃地注视着各国飞行好手长空比翼，拼命地鼓掌、呼喊，为金发碧眼的欧美飞行员加油。

但比赛的结果却令人们大吃一惊：一位黑头发、黄皮肤的中国青年冯如驾驶着自己设计、制造的飞机，竟以时速一百〇五公里、飞行高度二百一十三米、航程三十二公里的优异成绩夺得了第一名，为中国争得了荣誉。

冯如是广东恩平县人。因家中贫困，幼年便远离祖国、亲人，到美国旧金山谋生。他白天工作，夜读英文，发奋学习，很快就适应了异国的环境。以后，他进入纽约一家工厂学习机械制造，经过十年苦学，至一九〇六年，二十四岁的冯如已成为出色的技术人员。当时恰值日俄战争结束，结果竟是两个帝国主义国家重新瓜分中国的领土主权！这件事使冯如怒火中烧。他决心研制飞机，以保卫祖国，并多方搜集资料，制造了一架飞机模型。还向华侨集资，建立了以他为总技师的广东机器制造公司。

但好事多磨。试制的前三架飞机没飞起来，第四架飞机只飞起几丈高即摔坏，一些股东因而不再投资。冯如不屈不挠，再设法集资，终于从鸽子的翼长、体长的比例获得启发，重新设计出能飞的飞机。当时孙中山先生正在美国，专程参观了冯如的飞机，并感叹地说：『爱国救国的大有人在！』冯如深受鼓舞，遂于一九〇九年六月制造出中国第一架飞机。

一九一一年一月，冯如带着自己制造的两架飞机回国，并把他的广东飞行器公司迁回了广州。孙中山先生即委任冯如负责国民政府的航空队组建工作。一九一二年八月，冯如在一次飞行表演中不幸失事受重伤而牺牲，时年仅三十岁。

胡礼垣

（一八四七—一九一六年）

十七世纪末，一位出生于香港的城市规划大师在南洋受到热烈欢迎，菲律宾的苏禄国国王派特使恭请他去访问。苏禄国（今菲律宾和鲁岛）地虽狭却蕴藏极富，驰名世界的『吕宋绿』宝石便是那里的特产。国王亲自向这位香港贵宾征询改革国政的方略，两人相处十分愉快。后来，国王竟提出要禅位给香港贵宾，令这位香港人大吃一惊，他于是借故离去，才避免了黄袍加体——这位不愿当国王的香港人名叫胡礼垣。

胡礼垣，字荣懋，号翼南，原籍广东三水县。一八四七年出生于一位香港商人的家庭。胡礼垣幼年曾攻读经书、习八股文，返广州考试不中，于是放弃科举考试，专门研读经史和西学。以后更进入香港大书院学习，研究西方政治、文化；毕业后，他被留校任教习两年。以后，他创办《粤报》、翻译《英例全书》，对香港文化事业甚有建树。

更难得的是，当一位英国商人特邀胡礼垣开发南洋北般岛地时，他以自己所学，合理地规划城市的布局，还亲自参与开发；因此，这块英属领地在数年间便发展成繁荣的滨海城市。此后，便有苏禄国国王向胡礼垣禅位的雅事发生。

一八九四年，胡礼垣在日本期间恰逢中日战争爆发，驻日公使及领事全部撤回中国。撤离前，中国驻神户领事向侨民咨询『代理领事』人选，侨民及各国使节均推荐胡礼垣担任。他在战争期间维护侨民利益、忠于职守，深受侨民爱戴。中日战争结束后，胡礼垣重返香港，担任文学会译员，三年后退休，专心于著作，并与挚友何启（当年的香港市政局议员）合写论文七篇，鼓吹『新政』，后结集为《新政真诠》出版。

辛亥革命胜利后，胡礼垣向孙中山致函庆贺，表达拥护民国的拳拳之心。孙先生曾复函答谢。

一九一六年，胡礼垣在香港病逝。他在香港文化事业方面的建树至今为人们所崇敬。

何启

（一八五九——一九一七年）

一八九五年，孙中山在香港成立兴中会总部，并秘密集会。参加集会者当然都是兴中会的骨干，但其中却有三位既非骨干，连兴中会也没有加入的人士。这三位人士中，有两位是英国记者，另一位则是孙中山往日的老师何启。

何启，号沃生。广东南海人。他在一八五九年生于香港的一个殷富家庭。青少年时期曾在英国留学，学习法律和医学，他天资聪慧，在数年后便获得了令人称羡的『英国大律师』资格和医学博士学位。

何启虽是英籍华人，但他却眷恋着生于斯长于斯的香港；他的妻子雅丽氏体贴夫婿的感情，毅然随何启来到香港。由于何启毕业于英国名牌大学，又有英国大律师头衔，因此他很快便成为全港有名的大律师；他还涉足政界，年仅二十余岁便任香港市政局议员。但他的妻子却罹病身亡，这使何启十分悲伤。为了纪念她，何启特地创办了『雅丽氏医院』，医院附设西医书院，何启亲自担任医学教授，并兼授法律。这所书院便是香港大学医学院的前身。书院聘有康德黎、孟生等著名教授，因此前来投考的学子如云。

一八八七年，二十二岁的孙中山也慕名由广州博济医院附设的南华医学堂转到香港这所西医书院学习，至一八九二年毕业。何启和教授们都很钟爱、器重这位聪颖的学生，孙中山以后从事革命活动便获得何启的帮助。

一八九五年，何启在参与孙中山革命活动的同时（他参与起草了广州起义对外宣言的英文稿，还主动承担敦促英政府承认起义新政权的责任），撰写了后来在《中国邮报》发表的《中国之睡与醒——与曾侯商榷》。在文章中，何启主张效法西方对中国进行改革。以后他短期回内地，打算考察清廷委办的铁路、银行事业，却发现洋务派官僚作风腐败、不堪合作，仅两个月何启便重返香港。

一九〇〇年五月，何启见八国联军攻打中国，进入北京，他为了保全故乡便策动两广独立；他的想法暗合英国瓜分中国的阴谋，因此获香港总督同意。后因李鸿章虚与委蛇，『两广独立』之议才归于流产。

何启毕生为英国殖民政府服务，任议员并曾主持华民政务司。但他同情和赞助孙中山领导的民主主义革命，在这方面却是有功绩的。

刘金光

（一八五八年—？）

如今，美国新奇士橙在全世界的餐桌上大行其道，它外形金黄圆润、皮薄肉甜，是人们所喜爱的佳果。新奇士橙产于美国加利福尼亚州，由于华侨们称美国旧金山为『三藩市』，所以又有人称新奇士橙为『金山橙』。

然而，您知道吗，新奇士橙原来有中国潮州柑的『血统』，而培育出这种佳果的园艺家也是一位中国人——刘金光。

刘金光，广东台山县横湖乡人。一八五八年生于一个贫穷家庭。台山地少人多、土地贫瘠；刘金光十四岁时，便因家庭生活困难而被卖了『猪仔』，随着到美洲淘金的人群而漂洋过海到了三藩市。可是，十九世纪七十年代的美国已无金可淘，并且遇上了经济萧条。因在那里的生活条件恶劣，刘金光患上了肺病。两年后，无情的美国老板把他遣送回中国。故乡的清新空气和亲人悉心的照料，使刘金光的肺病神奇地痊愈了。他于是再度前往美国。

此时，美国社会经济逐渐繁荣，人们开始有富余的钱，对水果的需求量也大了。刘金光对种植水果很有兴趣，他于是开始种樱桃、苹果和柑橘，并攒下了一点钱。然后他移居到佛罗里达州种水果，并醉心于培植柑橘，可是每到潮湿季节，柑橘就很容易腐烂。于是，刘金光精心研究植物配种法，他把地中海甜橙的花粉传授到由中国潮州柑杂交而植出的橘树花蕊里，当年居然就结出了十五个硕大如拳的橙子——这就是金山橙的第一代。刘金光惊喜若狂，把这些金山橙的种子播种在特辟的园地里，悉心培植。这时，佛罗里达州橙业交易会听说刘金光培育出金山橙，便赶来跟他签约。于是刘金光大量种植金山橙（即新奇士橙），推销的范围扩及加利福尼亚州。刘金光很快就成为遐迩闻名的柑橙种植业大富豪。

鉴于刘金光在栽培果树方面的功绩，美国果树学会曾多次予以表彰。十九世纪末，正值美国排华高潮，许多华侨被驱逐出境。但美国政府却破例批准了一位华侨加入美国国籍——他就是刘金光。

新奇士橙后来风靡于世界。美国果树学会授予刘金光『怀德奖章』，美国史册载入了这位中国广东人的名字，称他为『中国伟大的园艺家』。

高剑父

（一八七九—一九五一年）

一九一一年九月四日，广州仓前街一声巨响，刚到广州上任的广东将军凤山横尸街头，广州人民无不为这个满族刽子手的可耻下场而拍手称快。而策划这次暗杀行动的人，竟是一位画家、日后岭南画派创始人之一的高剑父。

高剑父，名仑，广东番禺人。他自幼爱画，少年时代即拜广东花鸟画名家居廉为师。居廉十分重视写生，高剑父在严师的指导下，进行严格的基本功训练，为他以后作画打下了坚实的基础。以后，他跟随一位善于作画的法国传教士麦拉学习素描，接触到西洋画的技法。

一九〇六年，高剑父到日本研究日本的现代绘画和西洋画法。他在日本对清廷的腐败看得更清楚了，因而毅然舍艺术而干革命，参加了同盟会。一九〇七年他奉派回国，在广东发展同盟会会员，并被推举为广东同盟会的会长。以后，他再度赴日，并于一九一〇年春到香港，与刘思复（后来成为无政府主义者）、陈炯明等人组成『支那暗杀团』，组织了一系列暗杀活动。与此同时，高剑父还组织参与了一九一一年三月二十九日黄花岗起义等行动。武昌起义成功后，高剑父又参加了光复广州的战役。

辛亥革命后，高剑父不肯当官，而把全副精力致力于国画革新。他与曾去日本留学的广东画家陈树人（一八八三—一九四八年）、高奇峰（高剑父之弟，一八八九—一九三三年）互相切磋，把日本画、西洋画技法融汇于国画创作中，逐渐形成了自成一体的、后来被人们称为『岭南画派』的画法。高剑父借鉴水彩画技法所绘的《渔港雨》《烟雨渔家》很有透明感；他尤其擅绘凶禽猛兽，如《千里江山一击中》里的雄鹰，凶猛矫健，扑翼有声；又如《雄风》中的猛虎，长啸山林，奔驰生风。都是为人所称道的传世名作。

革命失败后，高剑父深感理想破灭，更以艺术为生命，与陈树人倡导新国画运动，创设春睡画院、南中美术院，扶掖后进，为古老的中国画注入了新的生机。然而，在高剑父内心深处，仍关注着社会政局的发展，企盼着民主政治的到来。他在《画鹰札记》中写道：『高氏当年之显赫功勋，今则退栖林下，信以表其「英雄老去心犹壮」之意欤。』高剑父于一九五一年去世，享年七十三岁。

刘思复

（一八八四—一九一五年）

一九〇七年六月十一日，广州仓边街青云里的凤翔书院里忽然发出一声巨响，巡街的警察闻声立即赶来，只见一位青年左手重伤倒在血泊中；这个青年就是中国后来仅有的无政府主义者刘思复，他是为了赶制炸弹暗杀广东水师提督李准，不幸炸弹爆炸而受伤的，刘思复也从此成了独臂革命家。

刘思复（亦作刘师复），广东香山县（现中山）人。他于一八八四年六月二十七日生于广东石岐镇。他五岁开始随塾师念书，十六岁考取秀才。一九〇一年，他读了谭嗣同写的《仁学》，又目睹八国联军入侵中国的暴行，刘思复再也无法读那些『四书五经』了。他与朋友郑彼岸在石岐郑宗荣祠中设立阅书报社宣传革命。一九〇四年，他到日本留学。一九〇五年孙中山先生到日本组织同盟会，刘思复成为第一批会员。

一九〇五年冬天，刘思复回到香港，协助办《东方报》，开始了职业革命家的生涯。一九一〇年春，他在香港与高剑父、陈炯明等组织了『支那暗杀团』。一九一一年年初，他们北上暗杀摄政王载沣的行动失败后，于当年八月十三日在广州双门底重伤李准；当年九月四日又在广州仓前街炸死凤山。

与此同时，刘思复还在石岐创办了『隽德女学』，即使在被囚香山期间，他还由友人郑彼岸出面办《香山旬报》，宣传革命道理。

辛亥革命后，刘思复对现实感到幻灭，他易名师复，鼓吹『道德救世』和无政府主义。一九一二年七月，他与郑彼岸、莫亿彭等人成立『心社』，相约不当官、不入军界、不结婚、不食肉、不乘人力车轿等『十二戒约』。而一九一二年五月他与郑彼岸、郑佩刚、丁湘田在广州西关成立的『晦鸣学舍』，则是在中国本土组织的第一个无政府主义团体。一九一三年八月，他出版《晦鸣录》第一号（第三号改为《民声》），成为无政府主义者的喉舌。他于一九一五年发现患肺结核，哀叹『师复将与无政府主义同葬于支那之黄土』。果然，刘思复于当年三月二十七日在上海病逝后，无政府主义在中国也并无发展。

黎民伟

（一八九二—一九五三年）

一九一三年，在香港的『人我镜』剧社拍摄了华美影片公司的短片《庄子试妻》，这是中国第一批电影之一，后来，这部影片又由美国商人带到美国去放映，因此，《庄子试妻》又是第一部在外国放映的中国影片。有趣的是，饰演庄子妻子的演员竟是一个男子，又是该片编剧——黎民伟。

黎民伟，广东新会县人。一八九二年，黎民伟在日本出生，以后，他父亲把他带回香港念书；一九一一年，黎民伟二十岁时在香港加入了同盟会。他遵照孙中山先生的指示，决心以文化唤起民众去推翻清政府，因而组织了清平乐会社，演出文明新戏。一九一三年又组织了『人我镜』剧社，并开始钻研电影艺术；一九二一年，黎民伟兄弟在香港建起了第一家中国人办的电影院。

一九二三年，黎民伟在两位兄长的帮助下，建立了民新影片公司，拍摄了《香港风景》《香港足球赛》《香港赛龙舟》等反映香港人生活的新闻纪录片。当时，广州国民政府人员到香港，也在民新影片公司活动、开会。

一九二四年至一九二五年，黎民伟拍摄了新闻纪录片《孙中山先生北上》《孙大元帅出巡广东东北江记》等，这些纪录片为孙中山先生及其他重要人物在大革命时期的活动留下了珍贵史料。

一九二五年八月，黎民伟兄弟卖掉电影院『新世界大戏院』，把民新影片公司迁到上海，拍摄了《玉洁冰清》《五女复仇》《和平之神》等影片，他的妻子林楚楚、严姗姗也成为中国电影史上最早的女演员。黎民伟当时导演的《祖国山河泪》《蔡公时》两部影片，揭露日本帝国主义等的侵华暴行，正气凛然。

一九二九年，民新新影片公司与同为广东人罗明佑创办的华北公司合作拍片，后来组成联华影业公司，黎民伟亲率摄影队赴上海抗日前线拍摄了十九路军抗日的战斗纪录片。一九三三年二月，黎民伟被选为中国电影文化协会执行委员。

一九三六年黎民伟退出联华影业公司，重组民新影片公司，至一九三七年民新影片公司迁回香港；在抗战中民新影片公司片场被日寇飞机炸中，黎民伟毕生的资产、心血付之一炬。他携眷逃至湛江，以后辗转逃难到西南后方，因劳累而患病，抗战胜利返香港后病逝。为了纪念这位『香港电影之父』及他所创办的影业公司，香港铜锣湾区一条街道被命名为『银幕街』。

后记

辛劳后的喜悦

卢延光

我在写这篇后记的时候，恰好艺术室内正播放着电子琴击奏的广东音乐《赛龙夺锦》气势磅礴的旋律，强烈跳动的节奏煽起了我的激情，令人热血奔涌，想不到用新的电子琴演奏的广东音乐竟会如此和谐、美妙与亢奋，旧的音节与新的器乐的组合同样奏出了时代精神，我想，这种组合，大概是广东的象征吧！得天时、地利与人和，使广东在中国近代史中崛起，挟东西两洋文化，珠江流域在近代哺育出众多叱咤风云的人物，时代的弄潮儿，他们在这块炎黄土地上辟新域，奏新声，对国家民族做出了不可磨灭的贡献。这是整个广东的骄傲，整个中华民族的骄傲。作为广东人的我，很早就想描画这一大批令我崇敬的先辈了，从赵佗到孙中山，历史上种种原因，前人未有为之，值此兴隆盛世，补补前人未竟之事，确是我的心愿，适逢伯衡兄来坐，谈及《百帝图》的出版，问我何不画本《广东一百名人图谱》？这真是一拍即合，他选文我画画，岂不美事哉！于是乎与何紫兄一说，又是一拍即合，决定在香港先出版，创作计划就此制订了下来。

半年多来，我与复旦、郁之夜以继日地不敢偷闲，今天，看着那一百幅满纸心血与汗水的作品，心情是甘苦相染的。那无数密密麻麻的大小点与线的印迹，哪里数得出有几亿的点线符号？其中的一些画幅几番推敲，几番重来，不少画幅的屋、树、背景都要花上三四天才告完成一张，确是相当艰苦，然而辛勤的创作后有一种别人无法享受的喜悦，那种完成创作的快感与舒畅也是无法用语言文字去表达的。

中国历代线描都用毛笔，在广东用针笔为之大概是从我开始的。从一九七三年弄这支西洋笔至今已有十多年了，大概又是一种天时、地利，在岭南的土地总容易率先尝试吧！针笔比毛笔运线更慢，然而线的刚劲细密以及现代节奏感，是毛笔怎样也不能做到的。针笔线描的力度与沉稳，有如行云流水，铁线游丝般的线的律动，又完全是中国的、民族的，这线描的新领域，我将探索下去。

在广东画家中，针笔现已开始逐步风行起来了，其中复旦与郁之是较突出的两位，已在同行与读者中受到注目，他们都负担着繁重的编辑工作，常常是利用晚间或挤出时间进行创作的，多年来在插画、连环画的领地耕耘，逐渐开始自成风骨，这次合作，我虽然在外形轮廓线上划定了界限，然而，线的运用，黑白灰的组织，景物的处理都明显地看出他们的追求，个人的修养与个性，预示着他们将会取得更大的成功！

我们三人用炽热的情怀，不惮辛劳地合作，完成了这一百幅图画，奉献给生养了我们的乡土和人民，愿这草木葱茂、人才辈出的地方更加兴旺、繁荣昌盛！

一九八八年一月写于野味斋

撰写《广东一百名人图谱》的经过

吴伯衡

美丽丰饶的珠江万古长流，哺育了千百万勤劳智慧的广东儿女。早在距今一二十万年，处于古人阶段的马坝人就曾在这片土地上生息；而在两千八百年前的周夷王时期，传说古越人已懂得畜牧种稻，开始了农耕文化。

岭南的第一次飞跃，是在公元前二一四年，秦始皇派遣的大军带来了先进的文化和科学技术，促进了汉、越两大民族的交融，岭南也从此走向繁荣发展。两千多年来，特别是明代以降，广东人才俊杰辈出，他们都曾为中国的繁荣和发展，为岭南的经济、文化、科技做出了贡献；更有数以万计的广东人远涉重洋，为世界许多国家的经济文化发展流过血汗，受到侨居国国人的赞扬。

本书人物以年代先后为序，按翔实史料编写而成。生平年代亦力求准确。为反映广东各时代的历史面貌及增添情趣，本书特别增添了八个著名仙人与传说人物的形象，如广州的别称『羊城』，源起于五羊仙人的传说，这个故事反映了古越先民对首倡农耕文化的祖先的崇拜；又如八仙之一的『何仙姑』的传说，则反映了唐朝上层尊崇道教的历史背景；再如『白鹤仙女』的传说，则反映了宋元以降中原战乱而岭南逐渐繁荣，中原人民为避天灾战祸纷纷逃入岭南，并与越人逐渐交融的历史；此外，还有郑期生、黄大仙、景泰僧、素馨、珠海仙女等传说人物和仙人。

本书选列的人物主要属广东籍，也有些虽非粤籍，但在广东活动过，并有较大影响的人物。宋元以前，南粤边鄙，文化相对不发达，从中原到广东活动，并对岭南发展甚有贡献的非粤籍人较多；明代以降，岭南经济发展迅速，中国经济中心、文化中心逐渐南移，广东名人辈出，但外省人亦有在粤做出轰轰烈烈的大事业，在中国近代史十分有名的，如林则徐、关天培等，亦收入本书。此外，本书还收选了对中外文化交流、对海外各国发展有影响的人物，以及在港、澳，以及海外较著名的广东历史人物。

本书如有不足之处，敬希读者诸君不吝指正。

一九八七年十月于广州三元里灯下